集人文社科之思　刊专业学术之声

集 刊 名：都市社会工作研究
主办单位：上海大学社会学院社会工作系
主　　编：张文宏
执行主编：范明林　杨　锃

Vol.8 RESEARCH ON URBAN SOCIAL WORK

第8辑

集刊序列号：PIJ-2016-184
中国集刊网：www.jikan.com.cn
集刊投约稿平台：www.iedol.cn

RESEARCH ON URBAN SOCIAL WORK　Vol.8

张文宏 / 主编

范明林　杨　锃 / 执行主编

都市社会工作研究

上海大学社会学院社会工作系主办

第8辑

SSAP

社会科学文献出版社
SOCIAL SCIENCES ACADEMIC PRESS (CHINA)

目　录

都市社会工作研究　第8辑

第 1～21 页

机构管理视角下在院孤残儿童服务体系的发展现状研究

——以 W 市儿童福利院为例

张　莹　陈虹霖[*]

摘　要　我国正从国家福利向多元福利制度转变，儿童福利院也从单一供养功能逐步向多功能服务模式迈进，传统的经验管理模式亟须改革。在该背景下，本研究探讨了 W 市儿童福利院的现有服务体系是否能满足在院孤残儿童的需求，研究发现：第一，在院孤残儿童最基本的生存和生理需求、安全和保障需求基本能得到满足；第二，归属和爱、被尊重和自尊，以及自我实现的需要有待进一步满足；第三，影响需求满足度的机构管理因素包括缺乏预估和评估机制，

---

[*] 张莹，复旦大学社会工作系硕士研究生，主要研究方向为：老年社会工作、儿童社会工作；陈虹霖，复旦大学社会工作系副教授、博士，主要研究方向为：积极老龄化、社会工作实务、社会资本、智慧养老。

一线照护者专业性不强，专业工作人员行政事务缠身、人员流动率高，人手不足增大照护压力，资源网络存在局限，寄养家庭模式发展滞后等。为进一步优化服务体系、提升在院孤残儿童的需求满足水平，本研究提出如下建议：第一，学习"南京模式"，拓展内生资金渠道，完善社会捐助体系；第二，加强志愿者和实习生管理；第三，增加岗位培训次数，增强人员专业性；第四，积极发挥社会工作者的专业服务能力。

关键词 孤残儿童 儿童需要 儿童福利

新中国成立以来，我国儿童福利事业得到快速发展。同时，伴随着国家福利向多元福利制度的转变，传统的集中养育服务体系已经不能完全满足儿童成长的需要。十几年来，各地儿童福利院纷纷积极探索更多样、更全面、更专业的养育方式，以满足新时代孤残儿童的实际需要。儿童福利院正在从单一的供养功能模式向集养育、医疗、康复、教育为一体的多功能服务模式转变。在不断创新服务模式的背景下，本研究以 W 市儿童福利院为个案进行研究，拟探究以下几个问题：W 市儿童福利院的服务体系包含哪些内容；是否能满足现代孤残儿童的阶段性、多样化需求；机构的管理存在哪些问题，从而使部分需求未被充分满足；如何进一步优化服务体系以增强教养效果。

一 理论基础与研究方法

（一）理论基础

1. 儿童需要与儿童福利理论

儿童福利理论已有较长历史，不同学科视角百家争鸣。其中，现有儿童福利理论中有较强适用性和解释力的是儿童需要和儿童福利理论（刘继同，2005）。它的基本假设与思想是，人在不同的发展时期都需要必要的帮助，尤以儿童期最为重要。需要指人的生存与幸福所必需的心理、物质、经济、文化、社会等方面的要求。人类需要有着复杂的结构，但层次分明，包括生存与生理需要、安全与保障需要、归属和爱的需要、自尊的需要、自我实现与全面发展的需要。社会政策制定者和儿童福利决策者关注的是全社会以及儿童群体的普遍需求与问题。国家和社会有责任满足某些群体的需要中被确认为基本需求的需要。需要满足的途径丰富多样，主要方法包括国家再分配、劳动就业、社区互助和家庭照顾。对儿童、残疾人、老年人等弱势群体来说，国家再分配是满足其需求的主要途径，这主要体现在以社会保障、社会救助、社会保险为主要内容的社会福利制度及相关政策中（怀特科，2004，转引自刘继同，2005）。这些相关理论为福利院如何照护孤残儿童提供了一定的理论依据，也为我们提供了检视现状、发现问题、优化服务的标杆。

儿童需要和儿童福利理论表明，应该在满足福利院孤残儿童的生存安全与生活需要的基础上，再循序渐进地满足其对爱、归属、尊重及自我实现的需要（滕小玢，2018）。本研究认为，有差别地、阶段性地、全方位地满足在院孤残儿童上述所有需要的服务体系，是福利院服务体系的应然状态。

2. 社会服务机构管理理论

社会服务机构管理的理论基础是多维度的，包括管理学理论、社会学理论以及政治学理论。其中，管理学理论又以科学管理理论、行为科学管理理论、人本主义管理理论为主。科学管理理论以理性人的基本假设出发，提倡用科学的管理方法代替经验的管理方式，鼓励人员管理时利益的一致性。行为科学管理理论重视组织的内部管理，强调组织整体发展及其内部的信息流通与反馈，但忽视了经济发展、科技变化、市场需求、社会发展、工会组织等外部因素所产生的影响。

人本主义管理理论则以"组织人"概念为基础，在组织这一载体中使人本主义内涵得以体现。

　　不同管理理论的侧重有所差异，但都能为社会组织管理的应然方式提供借鉴。综合上述理论基础，结合社会组织运营现状，笔者将社会组织的管理内容大致分为内部组织结构、外部资源与机构服务活动三大方面。

（二）研究思路与分析框架

　　我国孤残儿童福利体系的提供主体正在从政府"一元"到市场、家庭、社会组织、社区、个人等"多元"过渡，但现阶段政府仍是孤残儿童福利的主要提供者，在孤残儿童体系中的作用巨大（刘寒，2014）。政府福利供给职能除了政策支持、财政支持外，服务提供职能也是其重要组成部分（兰莉，2010）。而政府的服务提供途径可分为通过对非政府组织的扶持间接提供和民政部门孵化福利机构直接提供两种，其中，儿童福利院便是我国政府直接提供儿童福利服务的重要载体，其提供的服务是满足在院孤残儿童需要的直接途径。

　　为了使孤残儿童更高层次的需要得到进一步满足，许多学者分析了当下儿童福利院的照护问题，主要包括工作人员年龄偏大，男女比例不均衡，文化素质和专业水平较低；院内儿童管理混乱（张红霞，2003）；缺乏家庭关怀与教育（周灿尧，2018）；院舍环境封闭导致儿童社会化受阻；儿童自理能力和自我意识薄弱（成海军，2003）；等等。这些主客观因素都在很大程度上影响了福利院的服务效果。另外，在探讨孤残儿童照顾问题的成因与对策时，学者们又多从机构运行状况方面出发。例如，朱眉华、蔡屹（2007）认为现阶段的照顾理念与方式尽管有改善，但仍无法满足孤残儿童的实际需求，主要体现在机构照顾成本高、投入多，照顾人员素质亟待提升等方面；杨发祥、徐少睿、卢达明（2016）以 G 市社会福利院为个案，认为机构在服务内容、主体和质量等服务系统方面，还存在诸多结构性矛盾及约束性条件，例如服务专业水平低、机构人员需求受机构编制制约、儿童社会化需求难保障等问题，这些都在很大程度上约束了福利院有效发挥其照顾服务功能。加之福利社会化趋势将对儿童福利机构的运行管理要求提到了新高度，儿童福利机构需在机构服务理念、服务对象、供给主体、服务方式以及人员队伍的专业素质等方面实施具体的优化举措（杨发祥、徐少睿、卢达明，2016）。

综上，福利院的服务体系是满足在院孤残儿童需求的直接方式，而且是主要方式，服务体系的完善与否受到福利机构管理和运行现状的重大影响。服务体系的优化有赖于机构本身的运行发展状态良好。因此，本研究以儿童需要理论和社会组织管理理论为分析现存问题、优化服务体系的视角，参照上述理论，结合已有经验研究，拟定的本文的研究与分析框架如图1所示。

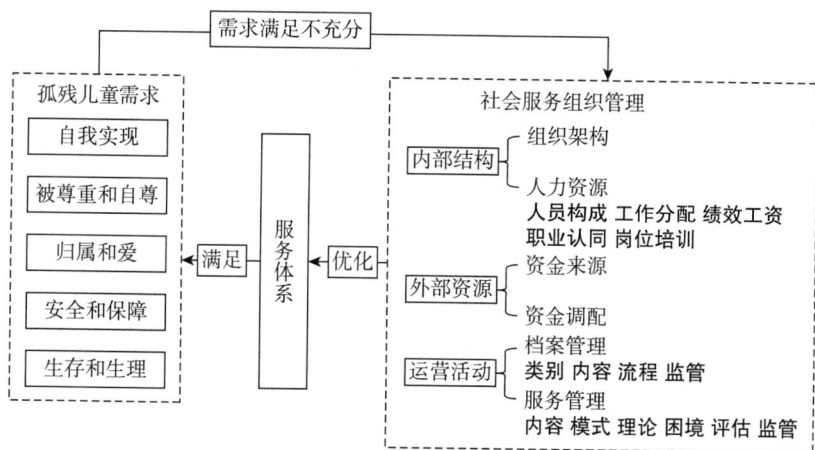

图1 本研究分析框架

具体来说，本研究首先探讨 W 市儿童福利院的现有服务体系是否满足了在院孤残儿童的需求，或满足了在院孤残儿童的哪些需求，并简要分析需求未被满足或满足不充分的原因，以此发现现有服务体系的不足。但是，并非所有的不足都是问题。因此，笔者从可能会对服务体系活动效果产生影响的组织管理要素中找出存在问题的部分，并依据机构已有资源，针对微观层面可改变的问题尝试提出改善策略。

（三） 研究方法

本研究选用质性研究的方法。在前期文献回顾的基础上，笔者深入调研地点，以半结构式访谈法、观察法收集资料。笔者通过熟人介绍，利用滚雪球的方法选取 W 市儿童福利院的工作人员进行访谈。深入访谈对象包括福利院学生事务办公室（以下简称"学生办"）主任、办公室文秘（熟悉福利院事务）。同时，笔者走访参观 W 市儿童福利院，与被照护的孤残儿童实地接触，观察主要针对的是福利院的护理员及其照护的各类孤残儿童、寄养家庭日常生活状况等。

访谈对象基本信息如表 1 所示。

表 1 访谈对象信息

资料收集方法	编号	单位及职务	地点
半结构式访谈法	A1	学生办主任	福利院/学生办
	A2	办公室文秘	福利院/办公室
观察	B1	一线护工	福利院/一楼照护室
	B2	一线护工	福利院/二楼照护室
	B3	一线护工	福利院/三楼照护室
	C1	寄养家庭	福利院/寄养楼

二 W 市儿童福利院孤残儿童服务体系现状

W 市儿童福利院成立于 2004 年 11 月，是 W 市民政局下属全额拨款事业单位，成立前为 W 市社会福利院儿童所。W 市儿童福利院建筑面积 8200 平方米，设置床位 400 张。该机构始终贯彻"养、治、教、康、置"相结合的服务方针，秉承"一切为了孩子，为了孩子的一切"的服务宗旨，努力为服务对象营造良好的生活、学习和康复环境。自 2018 年起，W 市儿童福利院从一直只接收公安机关送来的孤弃儿童，转变为开始接收有民政部门证明的困境儿童。遇到在路边被遗弃的孩子，"最稳妥的方式，就是报警。警方前两个月帮忙寻找父母，如果寻找不到，再转入福利院"（A1 访谈稿）。W 市儿童福利院内儿童抚养到 18 岁便转到社会福利院，由国家供养。目前，W 市儿童福利院的儿童接受范围可覆盖 W 市十一个区县的孤弃儿童。据介绍，"现在的入院儿童比以前少，W 市目前只有一个儿童福利院，足够覆盖周围全部区县"（A1 访谈稿）。

W 市儿童福利院儿童服务体系可主要从档案管理和教养模式两方面阐述。

（一）W 市儿童福利院档案管理

入院的每名儿童都有个人档案，一人一档。孤残儿童档案指儿童福利机构的所有相关部门在日常工作业务中累积的、关于孤残儿童从入住机构到离开、在养育及成长过程中所形成的具有保存价值的所有形式的历史记录及原始凭证，是儿童福利院特有的、能切实保障孤残儿童合法权益的有效依据。W 市儿童福利院主要有困境儿童、孤弃儿童、家庭寄养儿童、打拐解救儿童等类型。这些儿童的档案内容从入院、养育、就医、教育、康复、寄养和安置形成完整的一套。建档方式有电子档案、原始档案和儿童福利信息系统。档案管理由专门的档案管理员负责。档案管理过程中可以将所有的原件材料进行扫描从而转化为电子档案。

W 市儿童福利院针对孤残儿童档案的管理体系较为完善，种类齐全，流程明确。档案管理是在院儿童服务体系中最基础的一环。

（二）　W 市儿童福利院孤残儿童教养模式

W 市儿童福利院现有在院孤残儿童及弃婴 164 名，其中 95% 为残疾儿童，其主要残障类型为脑瘫、心脏病、脊膜膨出、肢体残疾等。W 市儿童福利院硬件设施有个性化言语康复室、个性化 ADL 训练室、个性化运动训练室、情景互动室、B 超室、理疗室、天网天轨训练室、配餐室、图书室等。具体来说，W 市儿童福利院主要有三种养育方式。

一是由护理中心提供的病残儿童服务。护理中心主要负责婴幼儿的管护、儿童院内特殊教育、灯塔育童等工作，这里的儿童病残率为 100%。按照孤弃儿童年龄及身体、智力发育情况分为婴儿室、幼儿室、月亮班、太阳班四个班组，按照不同班组的儿童情况进行差异式科学养教。院内特殊教育按照孩子的年龄和智力发育情况具体分为早期启蒙、早期教育和大龄智障儿童智力开发三个班级，分别针对的是 1 岁以下的儿童、1~3 岁的儿童和能够开展特殊教育的儿童。每年开展一次业务知识培训和业务技能考核，使所有的工作人员都能熟悉业务知识、提高业务水平，以更好地服务于孤弃儿童。

二是学生管理中心对肢体残疾但智力无碍的孩子提供照护。目前有学生 32 人，全部为在院外接受教育的学生，按照民政部就近入学的相关要求，分别就读于周边的小学、特殊教育学校、W 市实验中学等学校。近年来，W 市儿童福利院考入辽宁中医药大学、陕西铁路工程职业技术学校、西安技师学院、渭南技术学院的学生，通过学习，掌握了一技之长，已顺利就业并融入社会。

三是家庭寄养。目前只有 4 户家庭的儿童寄养在 W 市儿童福利院。W 市儿童福利院从 2014 年才开始增加了"寄养家庭"模式，在国内算是起步较晚的。寄养家庭的父母主要负责孩子的生病、饮食等日常照料支出，对孩子的康复照顾等还是由 W 市儿童福利院负责。

另外，W 市儿童福利院还短期安置警方暂时寄养的走失、丢失、打拐解救、离家出走流浪等情况的未成年人；照料有关行政单位认定的处于社会困境的未成年人；安置突发事件中，政府指定接受的未成年人。同时，为促进 W 市社会福利事业的发展，W 市儿童福利院还对全市的残疾儿童、散居孤儿、康复工作人员、患儿家长进行康复指导和义务培训，带动社区孤残儿童服务项目的开展并使之辐射到周边社区，为全市儿童福利事业发展做出了贡献。

除了对多数儿童的集中养育，针对儿童因不同残疾类型和过去经历造成的心理问题，W 市儿童福利院还会进行心理健康教育和咨询、辅导，促进儿童身心健康发展。对个别问题突出的学生，制定专门方案，用科学方法介入，使他们能够更好地融入社会。

在评估方面，W 市儿童福利院会对在院孩子进行一天一次的例行检查，排查异常。对不同年龄段的孩子会分不同周期进行生理、心理等方面的综合性评估。

据工作人员介绍，目前对 W 市儿童福利院的服务监督主要有社会监督和民政部门的检查。社会监督主要包括社会大众和媒体的监督，民政部门的检查也被认为是"事无巨细，相当严格"。工作人员还感慨：

最近就是大排查，特别严，枕头都给你掏出来，看里面的芯芯有没有发霉。（受访者 A2 访谈稿）

三　在院孤残儿童需求满足情况

通过对机构服务体系的了解，我们可以认为，在院孤残儿童最基本的生存和生理需求、安全和保障需求是基本能够满足的，而这也是绝大部分社会福利院应该有的基本保障。同时，有待进一步被满足的需求包括归属和爱的需要、被尊重和自尊的需要，以及自我实现的需要。

(一) 归属和爱的需要

发展心理学研究表明，积极的亲子关系有利于儿童发展亲社会性行为，反之，消极、对抗、冷漠的亲子关系则会促生儿童的攻击与破坏行为。孤残儿童由于依恋关系缺乏、有负面的自我意识等普遍存在的心理行为问题。一旦被领养，往往会对再次回到福利院感到害怕。实际上，福利院只是模式化、集体式的照顾，孩子对福利院工作人员没有形成亲情或稳定的依恋关系（范篆玲等，2008）。

> 上学后，（孩子们会说）人家都有爸爸妈妈来接送，为啥虽然我有车来接送，但是没有爸爸妈妈……他们会要求说，"妈妈（福利院孩子叫工作人员妈妈或爸爸），你送我上学嘛"……他们就是缺乏家庭的温暖，特别渴望。（A2 访谈稿）

尽管一线照顾孩子们的护理员流动率高，对孩子的个别化需求关注不足，但是机构非一线的在编人员却相对稳定，且 W 市作为四线地级市，地缘关系紧密，且由于机构规模小，因此相比一线城市的大多数福利院，其工作人员和儿童们的"私人关系"可在一定程度上弥补他们的依恋不足。据了解，学生办的"爸爸妈妈们"会经常带孩子去自己家里，包饺子、走亲戚，让他们感受家庭氛围，尽量弥补孩子们的心理落差。

> 特别喜欢跟你去家里，去家里都表现得特别好。她有一次跟我说去一个阿姨家，说"人家都夸我比自己的孩子好，都喜欢我。

阿姨洗完手我就端水（给她）喝，（阿姨）进门我给阿姨（她）拿拖鞋过去"……"把我儿子哥哥哥哥地叫，叫得可亲了"。（A1访谈稿）

归属和爱的需要在孤残儿童身上往往以问题的形式表现，这并非工作人员的爱心所能弥补和消减的，也是在院孤残儿童面临的普遍问题。

（二）被尊重和自尊的需要

工作人员发现，孩子们会特意隐瞒自己出身于福利院的事实。

我问他们："你们出去为啥不愿意跟人说你是福利院出来的？"他们就说害怕（被）歧视。……但我跟他们说：

你有啥觉得丢人的，人家是父母养的，咱是国家养的，你以后出去的话，就说是福利院的……（A1访谈稿）

被尊重和自尊的需要不能被满足会造成多种情绪障碍或心理问题。"你看这些娃，看似都很健康，但多多少少都存在心理问题。"（A2访谈稿）但工作人员对这些孩子心理问题的成因理解较浅。

一般有心理问题的都是智力没有障碍的孩子，他们到青春期，叛逆期嘛，都有正常的心理问题。（A1访谈稿）

就是心情不好，和在家孩子一样的。（A2访谈稿）

可以看到，在工作人员眼中，这些心理问题都是"正常现象"，他们在一般化地处理这些问题，并没有意识到孩子在特殊处境下可能会出现的心理困境。但其实，在访谈中笔者了解到，受访者也说不出这些心理障碍的原因究竟在哪里，也因此导致了危机意识不强，相应的应对方式也比较单一。一方面，"每月会有心理咨询师来跟孩子谈话，如果发现有征兆的，就及时进行心理疏导"（A1访谈稿）。另一方面，笔者了解到，院内并没有自己的专业心理咨询师，都是外借的，这就埋下了不能及时发现问题的隐患。大多数院内工作者认为金钱上的关怀即可满足情感的缺失引发的自尊需求。

> 现在每人1000块一个月的补助，我都让他们存好。平常他们买衣服、鞋子可以报销，体院的还可以买1000多元的鞋子，我儿子都没穿过这么贵的鞋。还有的上了大学，打电话说，"妈妈，我们要画图，需要笔记本电脑"。我就说，我儿子大学四年都没问我要过笔记本电脑，但我就帮他们申请，现在在外上学的人手一台笔记本电脑。（A1访谈稿）。

总的来说，孩子们有被尊重与自尊的需要，尽管工作人员能意识到他们可能存在的心理问题，并给予他们"家长式的关怀和引导"，但对孩子们由特殊的自尊需求引发的多种个性化问题认识不足，缺乏专业的心理预防和疏导机制，危机应对方式也相对单一。因此对于孤残儿童此方面需求的认知和关注还有待提升。

（三）自我实现的需要

该需求处于需求金字塔的最顶端。这一需要的满足是孤残儿童成功回归社会的重要标尺之一。安置是服务体系中的最后一环，一般来说有四种途径：一是领养，二是寄养家庭，三是满年龄后转至社会福利院；四是独立生活、工作。福利院的孩子大多有先天智力障碍，少部分孩子有肢体残障。有肢体残障的孩子可外出读书与工作。对于后者而言，自我价值的实现和普通孩子一样，依赖于后天努力，福利院的物质条件不会成为他们的束缚。但同时，福利院的目标更偏向于帮助服务对象"融入社会"而非"自我实现"，在儿童本身的发展潜能和自我价值的引导上有所缺失，在看待孤残儿童发展潜力时缺乏优势视角；儿童的自我意识也不足。另外，对于无法独立学习和生活、需要持续康养照顾的孩子来说，尽管自我实现的需要并非儿童阶段需要满足的，但幼时的启发和引导对后天的发展起到至关重要的作用，其自我意识和价值的挖掘则更加需要关注。笔者认为该需要的满足与机构服务目标有很大关联，这也是需着重改进的机构教养方面的内容。

四　机构管理视角下的问题分析

服务体系的优化与机构的发展息息相关，因此，通过资料分析，笔者从机构管理的视角分析 W 市儿童福利院在满足儿童需要时存在的几点不足。

（一）缺乏预估和评估机制

儿童需要满足的重要前提是完善的预估与评估机制。然而，W 市儿童福利院当前尚缺乏可全面评估孤残儿童需求的有关制度，已有的定期综合性评估也主要集中于生理和心理的状态方面，缺少对儿童社会性需求的评估。另外，可以看到，对服务的监督主要来自外界，W 市儿童福利院缺乏对其服务本身的效果评估。笔者分析原因有二，一是对智力残疾儿童来说，服务效果本就甚微；对工作人员来说，对此评估的意义不大、动力不足。二是评估比较困难，一方面，养育服务的接受者——孤残儿童本身受客观智力的影响，难以提供理性评价；另一方面，上级部门已有考核，却没有意识到其评估监管的局限性。

（二）一线照护者专业性不足，专业工作人员行政事务缠身

W 市儿童福利院下设办公室、护理中心、学生办、医疗康复中心、总务室、安全保卫办等科室，现有职工 102 名。护工占 70% ~ 80%，男女比例为 1:8，管理人员占 20% 左右。其中，负责儿童服务的人员主要有孤残儿童护理员、社会工作师、心理咨询师、特教老师、特岗护理技师、康复师等。在百余名员工中，具有正式编制的岗位仅 23 个，其余全部为外招聘请，持证上岗，薪资由民政厅拨付。

虽然所有的一线人员都是持证上岗，但深入了解后就会发现，具有专业背景的一线人员寥寥无几，大多是后来为了岗位发展考取了证书。院内的特教老师也并非科班出身，有持护工证后转去教学的。孤残儿童与普通孩子有别，他们除了需要日常生活照顾，还需要许多特殊的关怀、引导和照顾，这就需要工作人员有相关的专业知识做支撑。基于这一点，尽管每年会有相关职工的岗位培训，但大部分一线护工的专业性仍需打上问号。

> 有专业背景的留不住，都是只要持证就可以的。留下的都是年纪比较大的，年轻的都把这个当作跳板，找到好工作、找到别的去处就去了。年轻一点的，觉得可以就转去做特教，就是教一些智力发育不全但还有一定学习能力的孩子。（A2 访谈稿）。

以社会工作师为例。W 市儿童福利院有中级社工师 1 名，初级社会工作师 2~3 名。这种人员配备本就不足，且在仅有的几名社会工作者中，一位是高护主任，一位是医疗主任，又多忙于行政，几乎都没有从事项目管理、服务评估等专业相关的工作，社会工作者的专业特长没有得到发挥。不得不说，这也是人员配置不合理的重要表现之一。

专业人员是发现和满足儿童更高层次需求的基本条件，是福利体系优化的重要基石。人员配置不合理是阻碍福利发展的重要原因之一。

（三）人员流动率高，人手不足增大照护压力

工作人员表示：

当前机构存在的最突出问题就是人员配置有限。目前儿童福利院工作人员与儿童比例为 1∶1.5。离国家最新标准 1∶1 还有很大距离，所以在人员配备上略显不足，尤其是专业技术人员所占比例不高。（A2 访谈稿）

但其实，1∶1.5 是所有工作人员加起来和孩子们的比例，在实际的看护中远达不到这一标准，甚至出现 1∶10 的现象。一线人手远远不够，工作繁忙，致使对孩子的照护压力增大。

对于智障等有疾病的孩子，一般不存在心理问题，但会有行为问题，很难管理，如冲出来打人等。（A1 访谈稿）

脱衣服楼上楼下跑。（A2 访谈稿）

就是你看到的那个，穿绿衣服的，上次还趁（工作人员）不注意偷溜出去，都跑到大街上了，最后被警察送回来了。（A1 访谈稿）

由于人手缺乏，一人对多人，有些孩子的特殊情况就无法及时被发现和处理，从而降低了照护水平。在走访中，有些护工一时无法说

出自己看管的最严重疾病的孩子是哪一个。看到这样的情况，工作人员立马解释道：

> 不是一直这样，有时候真的没办法。（A2 访谈稿）

人员配备不到位，一线岗位人员流动率高，核心原因就是工资太低。

> 钱不够啊，而且我们这是三班倒，假期又不多。（A2 访谈稿）

> 来得多，走得多。平常的志愿者、实践的大学生，基本帮不上什么忙，说是来一周，来两三天就不想来了，我就盖个章，说不来就不来了，都走了。（A1 访谈稿）

> 正式编制只有 23 人，其他的人以前都是福利院自己掏钱，没有多少，招的人少，现在政府出资，招的人就多了，工资从几百（元）一点点涨到一千、两千多（元）。（A1 访谈稿）

待遇不高，留不住人，与其依靠政府维持现状有关，主动拓展资金来源也许是解决问题的办法之一。

（四）资源网络局限，有待进一步拓展

W 市儿童福利院的资金为政府全额拨款，几乎没有来自其他渠道的资金。拨款一般用于孤弃儿童基本生活费、学费、医疗康复费用，办公经费，不太存在经费紧缺的情况。资金的监管由审计局和民政局负责。

（政府拨给的）资金基本充足……社会捐助这种，特别少，不够成熟，比如有些国外收养家庭会捐一些来，但大部分都是物资，对外筹资几乎没有。（A2 访谈稿）

一方面，W市儿童福利院缺乏内生性资源。其一的表现就是没有自己的心理治疗师。工作人员说，"因为工资待遇低，留不住专业人才，心理治疗师都是外面定期派来的"（A1 访谈稿）。虽然他们表示，"你看（虽然）那些孩子天天跟你在一块，但还有自己的秘密呢，跟我们有时候不好说，因为我们管着他们嘛，但是外面来的人又不认识，他们有些心里话就跟他们说"（A1 访谈稿）。但笔者认为，外派资源不仅难以及时发现问题，而且如果不是固定人员，对孤残儿童的访谈也很难深入，容易使心理咨询流于形式。

另一方面，W市儿童福利院除了接受政府的全额拨款，并未拓展其他外部筹资途径。工作人员纷纷表示，即便是在政府职能转移、多元福利模式的体制下，政府也"不可能"削减对福利院的财政支出（A1 访谈稿、A2 访谈稿）。这看似积极的趋势，实则隐藏着消极的态度。这表明，W市儿童福利院在事业发展上缺乏主动性。首先，政府允许W市儿童福利院向外拓展筹资途径本就意味着全额依赖政府拨款存在弊端。W市儿童福利院无法灵活应对外界环境变化产生的压力。例如，一旦孤残儿童因某一个社会事件发生而突然增多，就容易造成福利院的财政危机。其次，若要更好地为孤残儿童提供服务，W市儿童福利院就需要大量引进社工师、康复师、心理咨询师等专业人才，但由于资金缺乏，无法实现。这就是W市儿童福利院财政不自由，以及需要更多资金支持的重要表现。同时，福利院的工作人员能意识到资金不足的问题，却未看到自身解决问题的可能性。从访谈中笔者可以感受到，他们认为政府拨款对于院内儿童的服务来说完全够用，对于员工低薪资的问题也只能依靠政府去解决。但其实，在W

市儿童福利院逐渐开始关注儿童的身心灵全方面发展的背景下，各方面专业人才的引进是为了更好地服务于儿童。笔者认为，W市儿童福利院不能单单满足于孤残儿童的物质丰富，更要注重其精神健康，而专业人才的引进不能只依靠政府，必须调动起自身的积极性和主动性，多学习先进经验，拓宽资金来源渠道，只有这样，才能取得长远发展，更好地为儿童服务。

（五）寄养家庭模式发展滞后

有研究表明，孤残儿童家庭寄养的养育模式是符合社会福利社会化的发展方向、适应国际上孤残儿童回归社会和家庭的发展潮流的。而W市儿童福利院在"家庭寄养模式"方面的滞后较为明显。当被问及与其他地方福利院相比其优势时，受访者一直在举例夸奖南京、平凉等地的"家庭寄养模式"："南京、平凉、宝鸡等做得好的福利院，都是家庭寄养做得好。"（A2访谈稿）可见，在工作人员眼中，"家庭寄养模式"是先进经验，但W市儿童福利院却发展滞后，"W市目前在周边兄弟单位里发展最差"（A2访谈稿）。

六 总结与反思

W市是西北地区的一个地级市，发展水平不及一二线的大城市，W市儿童福利院的整体发展也相对滞后。但小城市的优点在于，W市儿童福利院的员工和孩子们的关系较为紧密，有时，员工在过年时还会将他们带回去走亲戚，给孩子们压岁钱，员工委托自己的家属帮忙接送想要"爸妈"接送的孩子等，来自"院内父母"的爱相对丰富。这是机构可强化的特色优势之一，可用以建立儿童的依恋关系。但上述机构管理中存在的阻碍福利体系优化步伐的问题仍不可忽视，据此笔者提出以下几点建议。

（一）学习"南京模式"，发展内生资金渠道，并完善社会捐助体系

在向多元福利转变的背景下，一味依靠政府供给，难以适应社会发展潮流，也难以提供更优质的服务。W 市儿童福利院的症结或许在于缺乏对问题根源的深层次认识，没有看到拓展自身经费来源渠道与儿童服务的内在联系，因而缺乏积极改善的主动性。

南京市儿童福利院也曾遇到资金不足与人员外流的困境，但福利院领导及时寻求新方法以应对薄弱的经济基础难题。随后，他们将更多注意力集中于发展自己的医疗康复服务，提高服务质量，同时改用"南京残疾儿童康复中心"之名。其他措施还包括：建立"儿童家庭病床"制度以寻找潜在有支付能力的消费者、与当地大型企事业单位签订儿童医疗保健合同、有偿地接收自费入住的儿童等。这些方法极大地增加了南京市儿童福利院的收入，提升了其声望（尚晓援，2001）。创收而来的经济支持使南京市儿童福利院人员的薪酬待遇有了提高，同时，所有医护人员都获得了去香港接受岗位培训的机会。也正因如此，民政部开始正式肯定，南京市儿童福利院为如何在经济市场条件下发展国有福利院树立了成功典范。此后"南京模式"便广受赞誉和效仿。除了南京，很多地方的儿童福利院的儿童消费资金都有一大部分来自非政府途径。

"南京模式"可成为 W 市儿童福利院的借鉴典型。另外，寻求社会捐助是 W 市儿童福利院创收的另一方法。捐助资金也可大幅度提升在院儿童服务的质量。

（二）加强志愿者和实习生管理，充分利用现有资源

目前，W 市儿童福利院并没有完整的志愿者服务和实习生管理体系，如上文所说，志愿者或实习生往往因为专业不对口，不了解福利院的工作而处于边缘地带，工作人员称他们"帮不上忙"。笔者认为，不同的专业背景往往会有不同的优势与视角，W 市儿童福利院应充分利用这些现有资源，充分发挥各志愿者或实习生的专业优势，满足孤残儿童群体的多样化需求。另外，积极招募志愿者，使不同领域的专业人员都参与其中，例如联动周边企事业单位，在发展长期志愿者的同时，充分借助"学习雷锋日""企业社会责任日"等契机开展单次志愿服务，这一方面可拓展志愿服务的类型和领域，另一方面可为 W 市儿童福利院做宣传。

（三）增加岗位培训次数，增强人员专业性

W 市儿童福利院对一线照护人员的技术培训仅限于每年一次的院内专业技术培训会，及民政部、民政厅的不定期培训。反观其护工专业性现状，可知如此培训力度还远远不够。增强专业性是提升服务质量和竞争力的重要手段，W 市儿童福利院还可自行邀请高校、兄弟院舍等的专家来督导、讲课，并加强岗前培训，切实提高工作人员在照顾、治疗方面的业务水平，持续增强业务的能动性。

（四）积极发挥社会工作者的专业能力

目前，W 市儿童福利院仅有的几名社会工作者都忙于行政事务，并没有机会开展实质性的社会工作服务。W 市儿童福利院应提供相应的制度保障，专岗专职，切实增强社会工作者在服务提供中的效能，使其开展有针对性的服务，如增强儿童的社会化训练，协助其发展自我概念，引导自我意识的形成等。除了直接提供服务外，社工还可参与机构项目策划、需求评估、效果评估等工作。社会工作者也应主动发挥自身优势，向 W 市儿童福利院建言献策，例如如何更好地开发家庭寄养模式等，并倡导环境改变，寻求更多发展机遇，在微观和宏观层面共同促进儿童服务质量的提升。

参考文献

成海军，2003，《政策与操作并举——儿童福利院舍照顾亟需转型》，《中国社会报》，转引自滕小玢，2018，《福利院孤残儿童照顾现状、问题与对策研究》，硕士学位论文，江西财经大学。

范篆玲、陈瑛，2008，《养育模式与孤残儿童的心理发展》，《中国民康医学》第 12 期。

兰莉，2010，《社会福利供给中政府的职能及其实现途径》，《甘肃理论学刊》第 4 期。

刘寒，2014，《福利多元主义视角下孤残儿童福利供给研究》，硕士学位论文，郑州大学。

刘继同，2005，《国家与儿童：社会转型期中国儿童福利的理论框架与政策框架》，《青少年犯罪问题》第 3 期。

尚晓援，2001，《从国家福利到多元福利——南京市和兰州市社会福利服务的案例研究》，《清华大学学报》（哲学社会科学版）第 4 期。

滕小玢，2018，《福利院孤残儿童照顾现状、问题与对策研究》，硕士学位论文，江西财经大学。

威廉姆·怀特科等，2004，《当代世界的社会福利》，解俊杰译，法律出版社，转引自刘继同，2005，《国家与儿童：社会转型期中国儿童福利的理论框架与政策框架》，《青少年犯罪问题》第 3 章。

杨发祥、徐少睿、卢达明，2016，《孤残儿童机构照顾的实践模式及其优化路径——以广东 G 市社会福利中心为例》，《江西师范大学学报》（哲学社会科学版）第 3 期。

张红霞，2003，《当前我国儿童福利机构面临的问题》，《社会福利》第 12 期。

周灿尧，2018，《浅析儿童福利院中孤残儿童服务存在的问题及解决措施》，《青年时代》第 10 期。

朱眉华、蔡屹，2007，《孤残儿童的机构照顾与社会融合》，《华东理工大学学报》（社会科学版）第 1 期。

都市社会工作研究　第 8 辑
第 22～37 页
© SSAP, 2020

轻中度认知障碍老人怀旧疗法干预效果研究

——以上海市 S 福利院为例

郑红霞　冯婧怡　余彩凤*

摘　要　轻度认知障碍患者是认知症的高危人群，学术界和实务界非常重视对轻度认知障碍老人的早期干预。本研究以上海市 S 福利院为研究场域，筛选 60 名轻中度认知障碍老人，并分为实验组和对照组，分别对轻度和中度认知障碍老人进行团体怀旧治疗。本研究发现，怀旧治疗对轻中度认知障碍老人具有一定的治疗效果，尤其对轻度认知障碍老人干预效果明显，可以提升其认知水平，但对中度认知障碍老人的干预效果不明显，只能减缓其认知能力下降的速度，无法阻挡其恶化的趋势。建议加大对福利院、社区老人的轻

---

* 郑红霞，上海市第三社会福利院业务科科长，主要研究兴趣为老年社会工作实务；冯婧怡，上海市第三社会福利院社会工作部副主任，主要研究兴趣为老年社会工作实务；余彩凤，复旦大学社会工作系硕士生，主要研究方向为老年社会工作。

度认知障碍筛查力度，早发现早干预，减缓轻度认知障碍老
人的病情扩展速度；推广怀旧治疗，多角度、多方面地提升
轻度认知障碍老人的认知能力。

关键词 轻中度认知障碍 早期干预 怀旧治疗

一 研究背景

轻度认知功能障碍（Mild Cognitive Impairment，MCI）是介于正常
衰老和认知症之间的一种过渡状态（Dubois et al.，2007），特指有轻
度记忆力损害但其他功能保持完好，达不到痴呆诊断标准的老年人所
处的一种认知损伤状态。我国 60 岁以上老年人 MCI 的患病率为
12.7%（Nie et al.，2011），并且随着年龄的不断增加，老年人患病
率呈逐渐攀升的状态。MCI 作为认知症的早期阶段，分别有 10% ~
15%、60.5% 和 100% 的 MCI 人员在确诊后的 1 年、5 年和 9.5 年后
发展成为认知症患者（Morris et al.，2001），此概率远高于普通老年
人。认知症致病原因复杂，国内外尚无有效的治疗手段，并且由于认
知症具有不可逆性，中晚期的治疗效果并不明显，因此，在认知症早
期即轻度认知障碍阶段进行干预可以有效减缓其向认知症转化的进
程，对于提升认知障碍老人的生活能力和生活质量有积极意义。

轻度认知障碍的治疗方法主要是药物治疗和非药物治疗。目前国
内对老年轻度认知障碍的干预主要采用认知功能训练和心理干预的方
法，其中怀旧治疗作为一种心理干预方法已被证明对认知功能障碍老
人有效，可以缓解抑郁情绪，改善认知功能，提高日常生活行为能力
和生活质量以及改善健康状态。目前国内针对轻度认知障碍进行怀旧
治疗干预的较少，且干预类型有差异，测量工具不一致，干预结果缺
乏稳定性。而且，探讨怀旧治疗对中度认知障碍的效果研究目前仍是
学术空白。因此，本研究以上海市 S 福利院为例，运用团体怀旧疗法

对轻中度认知障碍老人进行干预并观察效果，丰富怀旧疗法介入轻中度认知障碍的实证研究，并为轻中度认知障碍老人的护理实践提供参考。

其中怀旧治疗，也称为缅怀往事疗法、缅怀疗法、回忆疗法，护理措施分类系统（Nursing Intervention Classification，NIC）将怀旧治疗定义为："通过对过去事件、情感及想法的回顾，帮助人们增强幸福感、提高生活质量及对现有环境的适应能力。"（McCloskey & Bulee-hek. 1995）Coleman（1992）认为怀旧治疗通过强调情感表达和创造一种可以让人回顾以往生活及痛苦的环境，帮助老人进行心理调适和自我完善。

团体怀旧治疗是指采用小组工作的形式进行怀旧治疗，小组工作可以促进组员间的相互分享和互相倾听，是实务界常用的一种怀旧治疗方法。

二　研究过程

（一）研究对象

2019 年 5～10 月，笔者以上海市 S 福利院为研究场地，筛选出 60 例轻中度认知障碍老人，其中 30 例为轻度认知障碍，30 例为中度认知障碍。男 26 例，女 34 例，平均年龄为 81.4 岁。文化程度：文盲 11 例，小学 19 例，初中及以上 30 例。

入选标准：①年龄＞60 岁；②无明显听力、视力障碍，具备一定程度的感知能力和语言沟通能力；③根据简易智力状态检查量表（MMSE）标准进行划分，得分在［21，26］之间为轻度认知障碍，得分在［10，20］之间为中度认知障碍；④老人及家属知情同意，自愿参与本研究。排除标准：①干预前 1 个月接受过心理咨询；②严重躯体残疾、长期卧床等无法参加本研究；③家庭近期发生重大事件；

④不愿谈及过去经历。

对轻度认知障碍老人，采取随机数表法将其分为实验组和对照组，每组各 15 人，两组在性别、年龄、文化程度、认知水平方面差异无统计学意义（$p > 0.05$）。中度认知障碍老人的划分与轻度认知障碍组的划分同理，分为实验组和对照组，每组各 15 人，两组基线数据差异无统计学意义。

本次研究采用随机数表的方式筛选出了 30 人的实验组和 30 人的对照组。在伦理上，本研究可能伤害了对照组的权利和利益，为了避免伤害，本研究希望能够在下一次干预研究中将他们作为实验组进行干预。

（二）研究方法

对照组实施常规护理，实验组在实施常规护理的基础上加以团体怀旧治疗干预。将实验组轻度、中度认知障碍的老人各分为两组，一组 7 人，一组 8 人，首先对轻度认知障碍的一、二组进行每周一次，一次 60 分钟，共计 8 周的团体怀旧干预，然后对中度认知障碍的三、四组进行怀旧干预。干预团队由两名社会工作者组成。

团体怀旧治疗干预分为三个阶段：小组建立期、活动开展期、小组离别期。

（1）小组建立期。第一次小组活动，采用游戏的方式促进小组成员的相互认识，并收集小组成员的入组期待及订立小组契约，增进小组成员的信任与熟悉，增强小组凝聚力。

（2）活动开展期。第二次活动至第七次活动为开展期，每期都以怀旧为主题，包括对比节假日的今昔变化、分享小时候最喜欢的玩具、诉说过往工作中最有成就感的经历、歌唱曾经最喜欢听的歌曲、将过往经历融入现在的生活中、回忆老照片里的故事。每次活动在怀旧之余均穿插肢体训练、认知训练，肢体训练有手指操、冥想、画画等，认知训练有联想记忆法、看字说颜色、创造性地说故事等，肢体训练和认知训练的穿插提升了小组成员的参与度，也增强了活动的趣味性和丰富性。社会工作者在活动开始初期会进行热身游戏，带动小组氛围，活动中会注意观察组员的情绪反应，引导组员积极分享，鼓励组员间的互动，提升组员的自信心与成就感，活动尾声阶段会带领组员一同总结感受，鼓励组员完成家庭作业。

（3）小组离别期。最后一次活动，带领组员一起回顾往日的小组活动内容，鼓励并倾听组员的感受与收获，注重处理组员的离别情绪，增强组员积极的情绪体验。

（三）评估方法

对怀旧治疗干预轻中度认知障碍老人的效果主要采用量表进行前后测对比，以及对实验组和对照组进行对比。

量表工具有以下几个。①蒙特利尔认知评估量表（Montreal Cognitive Assessment，MOCA）。MOCA 量表是轻度认知障碍的专用筛选工具。本研究使用王炜和王鲁宁 2006 年编译的中文版，评定的内容包括视空间与执行功能、命名、记忆、注意、语言流畅、抽象思维、延迟记忆、计算和定向力（王炜、王鲁宁，2007）；总分 30 分，如果受教育年限≤12 年则加 1 分，评分≥26 分为正常。②简易智力状态检查量表（Mini-mental State Examination，MMSE）。共 11 个项目，用于认知功能的一般筛查，包括对定向、记忆、计算、语言、视空间、运用及注意等方面的测试。总分 30 分，≥27 分为认知功能正常，21 ~ 26 分为轻度认知障碍，10 ~ 20 分为中度认知障碍，< 10 分为重度认知障碍。

MOCA 量表对 MMSE 量表的不足进行了修正，增加了词语流畅性测验评价语义记忆，注重抽象思维和延迟记忆，敏感性和特异性较 MMSE 高，更适用于认知功能的深入评定和研究（何建明，2010）。

所以，效果评估主要以 MOCA 量表的测量数据为主，以 MMSE 量表的测量数据为辅。

（四）数据收集和分析

前测：在筛选轻中度认知障碍老人时主要使用 MMSE 量表进行初筛并将得分作为认知障碍程度划分的依据。同时，使用 MOCA 量表进行测量，作为主要的基线数据。

后测：在 8 周团体怀旧治疗结束后，同时对实验组和对照组进行后测，仍然使用 MMSE 量表和 MOCA 量表。

本研究使用 SPSS 20.0 对数据进行统计分析，各组前后测的数据对比采用配对 t 检验，实验组和对照组的比较采用独立样本 t 检验，$p < 0.05$，有统计学意义。

三　研究结果

（一）轻度认知障碍组

1. 实验组和对照组干预前的基本资料与认知能力比较

在尚未采用团体怀旧治疗之前，笔者对入组的研究对象进行了初步的研究资料收集，主要内容涉及研究对象的基本情况和个人认知能力状况并进行了分析比较（见表1、表2）

表 1　轻度认知障碍实验组和对照组的基本资料

组别	性别		文化程度			平均年龄（岁）
	男	女	文盲	小学	初中及以上	
轻度实验组	6	9	2	4	9	80.6
轻度对照组	7	8	3	5	7	81.6
差异 p 值	0.334		0.082			0.544

从表 1 可以看出轻度认知障碍实验组和对照组在性别、年龄、文化程度方面的差异无统计学意义（$p > 0.05$），其中在性别比例方面，男女比较均衡；在文化程度方面，初中及以上文化程度的人数最多；平均年龄在 80～82 岁，可见轻度认知障碍的发生年龄主要在 80 岁左右的高龄阶段。而表 2 则提供了轻度认知障碍实验组和对照组干预前的认知能力的数值。

表 2 轻度认知障碍实验组和对照组干预前的认知能力

组别	MMSE（前测均值）	MOCA（前测均值）
轻度实验组	24. 20	16. 67
轻度对照组	24. 20	18. 67
差异 p 值	1. 000	0. 096

表 2 显示，轻度认知障碍实验组和对照组的 MMSE 前测均值都为 24. 20，MOCA 前测均值分别为 16. 67 和 18. 67，经配对样本 t 检验，轻度认知障碍实验组和对照组干预前的认知能力水平差异不具有统计学意义（$p > 0.05$），两组基线数据无显著差异。

2. 实验组干预前后认知能力比较与对照组干预前后认知能力比较

在经过两个月的团体怀旧治疗干预后，课题组又对实验组和对照组的研究对象进行了专业测量，其测量结果如表 3 和表 4 所示。

表 3 轻度认知障碍实验组 MMSE、MOCA 的前后测值

组别	轻度实验组	差异 p 值
MMSE 前测均值	24. 20	0. 020
MMSE 后测均值	25. 27	
MOCA 前测均值	18. 67	0. 000
MOCA 后测均值	21. 20	

根据表 3，轻度认知障碍实验组的 MMSE 和 MOCA 后测均值均高

于前测值，MMSE 后测均值比前测均值高出 1.07 分，有显著差异（$p < 0.05$）。MOCA 后测均值比前测均值高出 2.53 分，有明显差异（$p < 0.01$）。在经过为期 8 周的团体怀旧治疗干预后，轻度认知障碍老人的 MMSE 得分有所提高，MOCA 得分有明显提高。

表 4　轻度认知障碍对照组 MMSE、MOCA 的前后测值

组别	轻度对照组	差异 p 值
MMSE 前测均值	24.20	0.000
MMSE 后测均值	22.87	
MOCA 前测均值	16.67	0.320
MOCA 后测均值	16.27	

表 4 表明，轻度认知障碍对照组 MMSE 的前后测均值发生了较大变化，MMSE 后测均值比前测均值低了 1.33 分，具有明显差异（$p < 0.001$），然而 MOCA 的后测均值与前测均值差异无统计学意义（$p > 0.05$）。对照组在两个月后，MMSE 显示的认知能力明显下降，MOCA 显示的认知能力水平依然维持在原先水平，几乎没有变化。由于 MOCA 量表对轻度认知障碍的测量更具敏感性和特异性，所以采用 MOCA 量表来测量数据，轻度认知障碍对照组的老人的认知能力变化没有显著差异，却呈现下降的趋势。

轻度认知障碍实验组和对照组在干预前，在性别、年龄、文化程度以及认知水平方面无显著的统计学差异，两组基线数据基本一致，具有可比性。轻度认知障碍对照组的认知水平基本保持不变，但是有下降的趋势，而实验组在经过 8 周的团体怀旧治疗后认知水平有明显的提升，可见团体怀旧治疗对提高轻度认知障碍老人的认知能力具有一定效果。

（二）中度认知障碍组

1. 实验组和对照组干预前的基本资料与认知能力比较

同样，在尚未采用团体怀旧治疗之前，笔者对入组的中度认知障

碍研究对象进行了初步的研究资料收集并进行了分析比较，主要内容涉及研究对象的基本情况和个人认知能力状况（见表5、表6）

表5 中度认知障碍实验组和对照组干预前的基本资料比较

组别	性别		文化程度			平均年龄（岁）
	男	女	文盲	小学	初中及以上	
中度实验组	7	8	2	5	8	82.47
中度对照组	6	9	3	6	6	80.67
差异 p 值	0.334		0.082			0.300

从表5可以看出，中度认知障碍实验组和对照组的性别比例、文化程度以及平均年龄在统计学上均无显著差异（$p > 0.05$），并且同轻度认知障碍实验组和对照组一样，文盲较少，普遍具有阅读、计算能力，且基本为80~83岁的高龄老人。表6则提供了中度认知障碍实验组和对照组干预前的认知能力的数值。

表6 中度认知障碍实验组和对照组干预前的认知能力

组别	MMSE（前测均值）	MOCA（前测均值）
中度实验组	19.00	12.93
中度对照组	18.87	12.86
差异 p 值	0.737	0.905

从表6可以看出，中度认知障碍实验组和对照组的 MMSE 前测均值分别为 19.00 分和 18.87 分，两组前测数据无显著差异（$p > 0.05$），且两组的认知障碍程度属于中度层面里比较轻的。中度认知障碍实验组和对照组的 MOCA 前测均值分别为 12.93 分和 12.86 分，差异无统计学意义。中度认知障碍实验组和对照组在干预前的认知水平基本没有差异，具有可比性。

2. 实验组干预前后认知能力比较和对照组干预前后认知能力比较

在经过两个月的团体怀旧治疗干预后，笔者又对中度认知障碍实验组和中度认知障碍对照组的研究对象进行了专业测量，其测量结果如表7和表8所示。

表7　中度认知障碍实验组 MMSE、MOCA 的前后测值

组别	中度实验组	差异 p 值
MMSE 前测均值	19.00	0.250
MMSE 后测均值	18.53	
MOCA 前测均值	12.93	0.601
MOCA 后测均值	12.53	

表7表明，中度认知障碍实验组中，无论是 MMSE 量表还是 MO-CA 量表的测量，我们发现实验组的认知水平前后并无显著差异（$p >$ 0.05），尤其是从 MOCA 量表的角度来看，实验组的认知水平几乎没有变化。可见，团体怀旧治疗对中度认知障碍老人的认知能力提升的效果有限，更多起到延缓认知能力下降的作用。而对照组情况又如何呢? 表8的数据提供了相应答案。

表8　　中度认知障碍对照组 MMSE、MOCA 的前后测值

组别	中度对照组	差异 p 值
MMSE 前测均值	18.87	0.01
MMSE 后测均值	16.80	
MOCA 前测均值	12.86	0.000
MOCA 后测均值	9.53	

中度认知障碍对照组的 MMSE 和 MOCA 后测均值均有所下降，尤其是 MOCA 后测均值下降显著，对照组的认知水平变化差异显著且比较明显（$p < 0.01$）。中度认知障碍对照组仅接受常规护理，没有接

受任何干预，在两个月后认知水平虽然仍处于中度认知障碍阶段，但是下降趋势明显，下降幅度较大。

同轻度认知障碍实验组和对照组的基线数据情况一样，中度认知障碍实验组和对照组在干预前的基本资料和认知水平方面无显著差异，处于同一水平线。经过 8 周团体怀旧治疗后，中度认知障碍实验组的认知水平前后变化不显著，干预后的认知水平基本与干预前一致，但是仍然呈现下降的趋势。团体怀旧治疗虽然没有明显提高中度认知障碍老人的认知水平，但是极大地延缓了中度认知障碍老人认知能力的下降速度。中度认知障碍对照组的认知水平呈明显下降趋势，且下降速度较快，这可能与中度认知障碍认知能力本身下降速度较快有关。

四 结果分析

从研究数据可以发现，团体怀旧治疗对轻中度认知障碍具有一定的效果，可以提升轻度认知障碍老人的认知水平，减缓中度认知障碍老人认知能力下降的速度。团体怀旧治疗对轻度认知障碍老人的作用比较明显，这与学术界越早干预效果越显著的普遍结论一致。

怀旧治疗一方面利用组员远期记忆长久的特点，帮助组员借助怀旧重拾自我认同，完成自我整合，成功老化，另一方面借助团体治疗的形式，鼓励组员在小组间积极互动交流，并通过参与多种类型的活动提高组员的语言表达能力、逻辑思维能力、人际互动能力、环境适应能力、定向力、记忆力等。除此之外，这在促进组员自我生理心理发展的同时也增加了同伴的社会支持，组员的幸福感大大提升。

根据每节小组结束后的访谈和观察，笔者发现，参加小组的老人心理情绪体验比参加小组前更好，抑郁低落情绪明显减少。组员较多反映，与他人的交流次数增加，通过这个小组结识了 2 ~ 3 名新朋友，社会支持感大大增强。更加重要的是，组员们能够更加积极面对当下的老年生活。怀旧治疗小组活动增强了他们面对生活及解决困难的信心。总的来说，怀旧治疗可以综合地提升轻度认知障碍老人的认知、情绪处理以及日常社会行为能力，这已经被国内外很多研究证明（Yen-Chun，Lin，Yu-Tzu，& Shiow-Li，2003；Tadaka & Kanagawa，2010；Clayton，Graham & Warmer，2008；许少英等，2011），并在此研究中再次得到印证。

五　研究反思和建议

（一）研究反思

本次研究主要采用团体怀旧治疗的方法对轻中度认知障碍老人进行为期 8 周的实务干预，并在实务中不断予以反思改进。

1. 注重正向的怀旧引导

人的一生会经历很多事情，基本上喜乐参半，甚至是痛苦居多，而老年阶段最重要的是完成自我整合，提升自我价值，实现成功老化，所以对老年组员进行怀旧治疗尤其要注意进行正向怀旧的引导。正向积极的怀旧可以增强老年人的自信心，促进老年人的内心满足，从而促使老人积极应对和接纳老年生活；负面的怀旧尤其是创伤遗憾类的怀旧只会给老人带来更加沉重的心理负担，阻碍老人的自我整合与积极老化，极易引起老人的低落抑郁情绪，降低老人的生活质量。回顾过往令人印象深刻的小组活动时，老人们普遍反映对"过往工作的成就"这一环节的印象最为深刻，在这一环节收益最多。谈及过往的成就，组员都能得到同组其他老人的敬佩与赞扬，极大地增强了他们的信心，也增强了他们的幸福感与荣誉感。所以，怀旧活动设计中要注意正向的怀旧引导，尽量避免负面怀旧记忆的出现。

2. 关注组员的自我价值

老年组员的自我整合与自我价值感的提升有相当大的关联，在整个活动开展过程中，活动带领者要注意从多方面、多角度去鼓励组员，倾听组员的声音，肯定组员，帮助他们建立信心，增强自我价值与自我效能感。据结束后对组员的访谈，大部分组员表示社工在活动过程中的鼓励、倾听给予了他们充分的尊重与肯定，他们的心理得到了极强的满足感。除此之外，其他组员的鼓励、赞扬对他们的激励与自我价值感的提升也起到了很大的作用。关注组员自我价值的提升一方面要注意活动带领者和小组其他成员的作用，另一方面要关注影响自我价值提升的因素，比如鼓励、肯定、认可、倾听等。

3. 促进组员的充分参与

活动带领者在活动中非常注重促进组员的充分参与。每个小组中总会有些比较活跃的组员和偏向沉默不太活跃的组员，在一些游戏或分享环节中，比较活跃的组员通常会主动分享和积极参与。活跃组员的积极参与带动了小组气氛，在推动活动进展的同时也会起到一些反作用，活跃组员的过度分享侵占了其他组员分享的时间与权利，甚至会导致其他组员不敢分享或没有充分参与进来的感受出现。活动带领者要注意把握各个组员参与的平衡，促进每位组员的充分参与。当然不能打击活跃组员的积极性，活跃组员是小组内推动活动进展非常重要的有利因素，活动带领者要善于运用，发挥他们的带领作用，同时要善于引导，善于观察组内其他参与积极性相对不高的组员，或者可以在有些环节中充分将这些组员调动起来，让他们当故事的主角。对每一位组员予以充分关注，让每一位组员都充分参与到小组当中，从而显著提升组员对小组的参与感和凝聚力，大大增强活动效果。

4. 提升活动的趣味性与科学性

对轻中度认知障碍老人的团体怀旧治疗的内容以怀旧为主，其间会穿插一些肢体训练、认知记忆训练以及一些趣味性的热身游戏。据对组员的访谈和活动中的观察，笔者发现，组员们在参与热身游戏时情绪明显高涨，相互之间的互动也更加频繁和深入，在对过往活动进行回顾总结时，组员们能够记住的活动环节有一半是热身游戏类活动，如"传话游戏""逛三园"等，具有创造性与趣味性的游戏令组员们印象更深刻，比如"创意想象""拼图说故事"，这种打开思维的游戏给了老人们很大的创作空间，每个人的想象都充满了创意与多样性，给其他组员留下了深刻的印象。除此之外，组员们普遍表达很喜欢活动中的肢体训练和记忆训练，他们表示这种训练帮助他们学会了更加科学的锻炼方面的知识，对养生很有帮助。活动的趣味性、科学性是吸引老人的一大亮点，在活动中社会工作者可以丰富活动的设计，为老人提供更多的体验和感受，多方面、多角度地刺激老人的大脑，从而促进其认知能力的提升。

（二）实务建议

除了怀旧治疗干预方法需要进一步完善之外，本研究在研究发现的基础上针对轻度认知障碍老人的认知能力提升提出以下建议。

1. 早筛查早确诊、早干预

研究发现，团体怀旧治疗对轻度认知障碍老人的认知水平具有一定的提升效果，然而对中度认知障碍老人的干预效果却不明显，只能减缓认知能力衰退的速度，但是仍然有下降的趋势，而且中度认知障碍干预组的老人在没有干预的情况下下降的速度较快，令人担忧。怀旧治疗等非药物干预方法对轻度认知障碍老人干预效果明显，这与学界的研究基本一致。然而现实中很多老人认为出现记忆力下降是正常衰老的表现，往往没有给予足够重视，殊不知轻度认知障碍正在快速向老年痴呆症的方向发展，严重降低了老人晚年的生活质量，也给家属和社会增加了巨大的照护负担。

老人以及家属、社会要重视轻度认知障碍，一旦出现记忆力衰退等轻度认知障碍的症状就要积极进行筛查确诊，这样才能进行早期干预、延缓病情的发展，提升老年人的生活质量。当然可以从社区入手，对社区 60 岁以上老人进行初步的筛查，帮助他们认识自己的身体健康状况，及早干预。目前上海市已有一些社区计划对社区老人进行大规模的筛查，但是只针对某一个区，目前还有很多社区老人无法享受筛查的服务，建议政府、社区可以加大对轻度认知障碍老人的关注，为他们提供筛查服务，帮助他们及早了解病情、预防病情恶化。

2. 关注认知障碍老人的照料者，积极推广怀旧治疗

减缓轻度认知障碍老人认知能力的下降，不仅要对老人进行直接的干预，也要对老人的照护者进行干预，为老人建立良好的认知恢复环境。社会支持对个人的影响是深远和深刻的，尤其是患有轻度认知障碍的老人，因为自身的身体原因，很担心自己的病情会给他人增加负担，往往选择自己承担疾痛和自我消化不良情绪。其实他们非常需要身边人的支持与照顾，照护者的照顾和理解对延缓病情发展、提升老年生活质量具有重要作用，所以提升照护者对轻度认知障碍的重视度及增加其相关护理知识非常重要。怀旧治疗方法简便易行，经济实用，具有很高的推广价值和实际可操作性，对照护者进行相关的培训，让其为老人提供怀旧治疗，照护者因为长期与老人接触，与老人之间有着较高的信任与熟悉度，由他们开展怀旧治疗具有独特的优势。照护者甚至可以利用自身与老人的共同经历，对过往进行回顾，引发老人的回忆。多角度地对轻度认知障碍老人进行干预，创造愉悦放松的环境，减缓他们认知水平下降的速度。

参考文献

何建明，2010，《蒙特利尔认知评估表与简易精神状态检查评定老年人轻度认知功能障碍的比较》，《中国老年医学杂志》第 6 期。

王炜、王鲁宁, 2007,《"蒙特利尔认知评估表"在轻度认知损伤患者筛查中的运用》,《中华内科杂志》第 5 期。

许少英、刘婧、黄艾, 2011,《怀旧治疗对老年轻度认知障碍患者认知功能的影响》,《中华现代护理杂志》第 17 期。

Clayton, H., Graham, N., Warmer, J. 2008. Alzheimer's at Your Fingertips. Hong Kong: Class Publishing.

Coleman P G. 1992. "Personal adjustment in late life: successful aging." Reviews in Clinical Gerorotology, Vol. 2 No. 1.

Dubois, B., Feldman, H. H., Jacova, C., et al. 2007. "Research Criteria for the Diagnosis of Alzheimer's Disease: Revising the NINCDS-ADRDA Criteria," *Lancet Neurol*, Vol. 6, No. 8.

McCloskey Jc, Buleehek GM. 1995. Narsing Intervention Classification (NIC). Medinfo, 1369.

Morris, J. C., Storandt, M., Miller J. P., et al. 2001. "Mild Cognitive Impairment Represents Early-stage Alzheimer Disease," *Arch Neurol*, Vol. 58 No. 3.

Yen-Chun, M. S. N., Lin R. N., Yu-Tzu D. R. N., D. N. S. Shiow-Li, Hwang R. N. 2003. "The Effect of Reminiscence on the Elderly Population: A Systematic Review," *Public Health Nursing*, Vol. 20 No. 4.

Nie, H., Xu, Y., Liu, B., et al. 2011. "The Prevalence of Mild Cognitive Impairment about Elderly Population in China: a Meta-analysis," *International Journal of Geriatric Psychiatry*, Vol. 26, No. 6.

Tadaka, E., Kanagawa, K. 2010. "Effects of Reminiscence Group in Elderly People with Alzheimer Disease and Vascular Dementia in a Community Setting," *Geriatrics & Gerontology International*, Vol. 7, No. 2.

都市社会工作研究　第 8 辑

第 38~57 页

社区生活空间视域下新生代农民工生存压力的社会工作干预模式初探[*]

李晓凤　周思思^{**}

摘　要　在中国城乡二元社会结构与企业外部环境的竞争压力下，新生代农民工普遍承受着巨大的生存压力。为了建构新生代农民工生存压力的社会工作干预模式，本文回顾了新生代农民工压力介入的企业社会工作实务模式，并基于社会发展、赋权与建构主义理论视角，批判性地解读了新生代农民工生存压力的主流介入模式。之后，在文献检索、理论概念梳理及实务经验研究的基础上，提出了社区生活空间

---

*　基金课题：国家社会科学基金项目"社区生活空间视域下企业新生代农民工生存压力及社会工作干预研究"（17BSHO11）阶段性成果之一，项目主持人为深圳大学法学院社会学系李晓凤教授。

**　李晓凤，博士，深圳大学法学院社会学系教授、硕士生导师；主要研究方向为社会工作理论与实务、女性社会学及咨询心理；周思思，深圳大学法学院社会工作硕士研究生，主要研究方向为企业社会工作等。

视域下新生代农民工压力干预的社会工作模式，倡导多主体的协作与多元模式的整合，以此营造新生代农民工减压的社区生活空间。

关键词 新生代农民工　生存压力　社区生活空间
企业社会工作　干预模式

作为进城务工的边缘化特殊人群，新生代农民工遭受着巨大的生存压力。如李晓凤等采用深圳大学课题组（2018）的"压力源分类量表"与"压力知觉问卷"，于 2018 年对珠三角地区 500 名新生代农民工的问卷调查表明，新生代农民工的压力水平总体较高，其压力知觉平均分为 44.48，紧张感平均分为 19.85，失控感平均分为 24.63；并且 69.3% 的青年农民工感到生存压力太大，20.5% 的有抑郁与自杀等倾向（李晓凤、万鸳鸯、林佳鹏，2018）。目前国内学界已对该群体进行了较为深入的研究，笔者通过中国知网（CNKI）进行文献检索发现，近五年来，有关新生代农民工主题的文章有 4417 篇，涉及压力干预与新生代农民工压力研究的论文为 21 篇与 38 篇，但缺乏社区生活空间视角下介入模式的研究。仅有学者钟志平（2013）、李彦等（2014）基于城市社会生活空间视角，对农民工城市融入空间特征进行了探讨。从这个角度来看，新生代农民工研究虽然是学术研究的热点问题，但是针对该群体的社区生活空间研究并未进入主流研究视野。

企业社会工作在国外已有 100 多年的发展历程，产生了多元化的实务运作模式。而我国企业社会工作起步晚，有关农民工群体的社工介入模式研究仍处于探索阶段。比如，在近五年有关国内企业社会工作的 180 篇论文中，32 篇是介入模式研究（高钟、王丰海，2012；张默，2014；李晓凤，2011），5 篇是农民工群体的社工干预研究（王红艺，2011；李晓凤，2011；李晓凤、李羿琼，2012；叶鹏飞，2014；马德礼，2016），2 篇是新生代农民工社工介入模式研究（李晓凤、李羿琼，2012；马德礼，2016），但上述模式均未提及社区生活空间视角下农民工压力的社工干预。如此，通过企业社工实务运作模式与农民工社工干预模式的文献回顾，结合社会发展、赋权与建构主义等理论视角，我们提出了社区生活空间视角下企业社会工作整合模式。

一 针对员工的企业社会工作实务运作模式

随着国内外企业社会工作实务经验的积累，形成了各具特色的企业社工实务运作模式（见图 1）。不过，笔者查阅相关文献发现，因

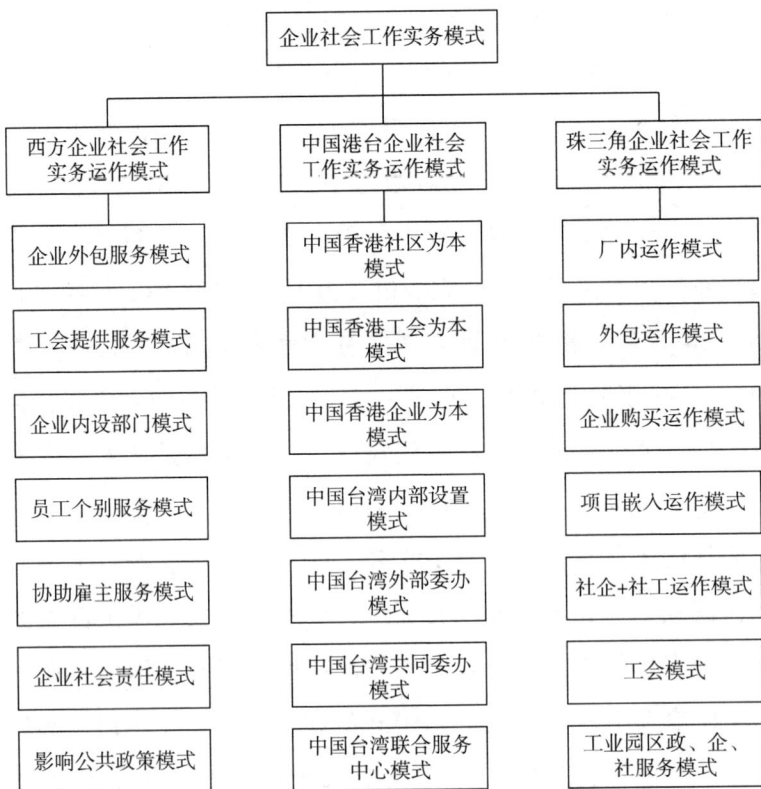

图 1 国内外企业社会工作实务模式一览

资料来源：李晓凤，2011。

新生代农民工是中国城乡二元体制下的独特产物，国外与中国港台企业社会工作模式研究中并未涉及新生代农民工。同时，我国珠江三角洲地区、北京、苏州等地已形成了适合本地的多元企业社工实务运作模式，并且某些模式已将农民工纳入了服务对象，这为研究新生代农民工压力干预的社工模式提供了可借鉴的框架与实务经验。

笔者通过进一步系统的文献回顾发现，随着我国企业社工本土经验的积累，中国学界有关企业社工经验模式的分类研究正处在完善阶段，主要有以下观点。高钟、王丰海（2012）认为我国企业社工模式有企业内购置、工会购置、社区设置、劳务派遣机构内设四类；张默（2014）则认为企业社工模式分为企业外模式、工会模式、企业内模式、员工服务模式、顾客服务模式、企业社会责任模式六类；也有学者以珠三角地区为研究个案，提出七种具有代表性的企业实务运作模式，即厂内模式、外包模式、企业购买模式、项目嵌入模式、社会企业＋社工运作模式、工会模式、政企社合作模式，并前瞻性地提出了"以社区为本的企业社工综合发展模式"的设想（李晓凤，2012）。上述企业社工实务模式的提炼与分类，为建构我国社区生活空间视角下企业社工整合模式提供了本土经验与分类框架。

概括地说，国内企业社工干预模式研究对本研究的经验启示有如下几点。①外包运作模式把服务对象由"企业员工"扩展至"社区劳动者"，在服务对象选择上有了新的聚焦点，即在拓展"外来工"的服务范围时注重工人志愿者的培育。②项目嵌入模式将慈善会与政府部门（如民政局）作为获取服务项目的中介，社工服务机构则需要向企业与政府负责。③"社会企业＋社工运作模式"试图通过社会企业与社工互动的运作方式来推展企业社工职能，开拓了企业社工服务的新视野。④工会模式的亮点在于打造"工会主导＋社工承担＋义工配合"的三工联动机制，以超越西方"工会＋社工"的运作方式。⑤工业园区的"政、企、社"模式则通过政府、企业、社工机构的三方合作，尝试搭建一站式的综合服务平台。⑥企业社工社区综合发展模式采用"政府领导、工会培育、社区支持、企业合作、社团运作、社会参与"的多方合作方式，为新生代农民工建构了个人、企业、社区、社会的社会支持环境，以实现"跨界合作、资源整合"的综合服务。此外，上述实务运作模式的发展，也诠释了我国企业社工发展的两大力量，即政府购买服务与企业社会责任的推广。我们认为，随着我国基层社区治理格局的不断变化，企业社工服务的运作主体必将呈现多元趋势。其中，多方联动的一站式服务、青年农民工自发参与的自组织培育、社区生活生态空间环境的营造等策略，都可以运用到新生代农民工压力干预的社工实践之中。

二 新生代农民工压力干预的操作化模式

结合已有定义（李培林、田丰，2011；徐莺，2010），李晓凤、李羿琼（2012）将新生代农民工界定为1980年以后出生，具有农业户口，在城镇企业中从事非农工作的青年员工。新生代农民工作为推动经济发展的主力军，其人群现状与生存压力也受到了学界的关注。如李晓凤对珠江三角洲新生代农民工的实证调查显示，新生代农民工来自外省的占90%，平均年龄为23.75岁，学历为高中及以上的占62.2%，男女比例相差不大，但近60%处于"单身"状态。同时，该群体的工资水平较低，84.5%的被调查者平均月收入为3300元；工作时间普遍较长，72.9%的工作时间超过8小时；19.6%的对工作环境评价很低；68%的感到工作压力大。另外，49.2%的新生代农民工背负着房租的重担，60.8%的对现在的人际关系不满意，73.9%的业余生活为单一的上网，79.8%的遇到困难时会找朋友倾诉与协助（李晓凤，2012）。从上述调查数据可以看出，我国新生代农民工面临着收入、住房、工作、感情、生活、人际关系等多方面的压力。有研究表明，长时间处于重压状态下，工人的工作与生活均会出现失调现象，既不利于个人的身心健康，也影响企业的效率（刘林平、郑广怀、孙中伟，2011）。如此，降低农民工生存压力已演变为社会问题。

在有关农民工群体的压力干预模式研究中，王红艺（2011）认为"企业主动引入"和"政府购买服务"两种基本模式，应是现阶段企业社工介入农民工服务的主要模式。李晓凤（2012）则从 EAP（员工援助计划）视角与扩展的临床视角对社区综合发展模式进行了操作化解读；叶鹏飞（2014）提出企业内模式、工会模式、企业外模式应是我国企业社工解决农民工问题的实务模式；马德礼（2016）认为通过员工服务模式，可以为有压力问题的青年农民工提供个案辅导，也可以缓解其心理压力。我们认为，上述农民工的社工减压模式研究主要是针对干预模式的理论解读、实务运作模式探讨及方法建议，缺乏可操作化的实务策略。以下我们从实务操作策略来总结我国新生代农民工压力的介入模式，以此为本课题提供干预策略的参考。

（一）临床模式与 EAP 模式

郑广怀、刘焱（2011）提出了"扩展的临床视角"下企业社会工作干预策略。具体说来，是从人与环境两大方面着手，将对新生代农民工的干预分为四个层面（见图2）。在个人（p）层面运用个案或个案管理方法来应对农民工的具体问题；在群体（P）层面则使用小组工作方法，并区分针对农民工群体和企业的干预。在微观环境（e）

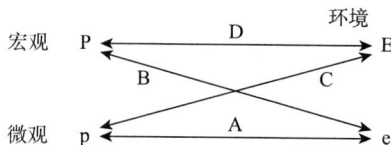

图 2　"扩展的临床视角"示意

资料来源：郑广怀、刘焱，2011：455。

上注重对个人及其归属的组织或社群的干预。在宏观环境（E）上，干预则主要指社区工作、社会行政等，如相关制度的完善。

EAP 即员工援助计划，其理论假设是"组织援助有助个人问题的解决，个人问题的解决可以提升组织效率，由此双方的目标在配合中得以实现"（谢鸿钧，1996）。在 EAP 服务中，社会工作者作为辅导员将以支持者和协助者角色，为感受到压力的新生代农民工提供短期服务，包括在个人层面、个人和组织相互关联层面、组织层面进行减压干预；同时，针对压力、心理健康、职业生涯规划、个人问题等方面进行管理，以提升新生代农民工应对压力的能力。李晓凤（2012）认为，EAP 模式与临床模式不存在理论的本质差别，只存在操作层面的差异，如临床模式更偏向一种理想的企业社工实务干预方法，在与原企业内部结构的对接、社工的介入途径以及具体方法上，它比 EAP 要具有操作性。

（二）工会模式

与社会工作理念相契合，工会的使命在于对工人的"赋权增能"和"助人自助"，并以"个体"为取向来争取平等和正义（高钟、王丰海，2012）。同时，社会工作作为工会发挥职能的"桥梁和纽带"，在服务新生代农民工时主要是通过工会小组工作、个别谈话、座谈会、职工代表大会等方法，来保护女工权益、帮助困难工人、组织工人互济会等（张默，2014），以此缓解其压力问题。

（三）企业社会责任模式

企业社会责任模式（CSR）有关新生代农民工压力干预的主要服务内容有工作需求、人际关系、职业发展压力管理，包括权利维护、关系调节、企业公共形象建立等。上述服务的推展可以利用专业方法与公益项目的运作得以实现。同时，在专业实践过程中，社工要善于依托和整合社区资源，与企业、社区、社会一同支持农民工个人及其家庭，并利用社区与家庭两大系统来缓解其生存压力（周沛、陈静，2010）。

（四）企业社会工作干预模式

企业社会工作针对新生代农民工压力干预的内容主要有法律维权层面的引导和帮助、协助解决实际困难和问题、提供心理和情感支持、开展教育与培训、协调人际关系、开展休闲娱乐活动、提供社会支持与促进社会融入等（叶鹏飞，2014）。其中社工主要充当引导者、教育者、支持者、资源链接者角色，以此为新生代农民工提供个体、群体、家庭、企业、社区或社会层面的服务（王思斌，2014）。

通过文献回顾发现，国内企业社工实务操作模式与某些服务策略，将为我们的研究提供可借鉴之处。不过，从总体上看，我国社会工作处于西方企业社工发展的第一、二阶段，很多模式如 EAP、工会等模式虽然已引入中国，但在实际操作中较多是对工人的控制与管理，并依赖政府管制，缺乏新的社会工作视角与关怀。结合深圳 F 工业区本土社工干预模式的先导性研究以及西方企业社工第三阶段模型，我们前瞻性地提出从社区生活空间视角来建构企业社工整合模式，即从新生代农民工压力源的内外因素出发，对压力问题进行解构，将原有以个体差异为主的压力调节变量置于社工视角下，挖掘有益于缓解压力的个体因素与构建外在环境生态机制；同时，动员社区力量与社区参与，培育自组织，以营造和谐发展的社区生活氛围，为新生代农民工建构有机体网络社区，达至个人减压、赋权及能力提升的目的。

三　社区生活空间视角下企业社会工作整合模式的建构

在综合学界对"社区""社区共同体""社区空间""生活空间"等相关概念界定及我国企业社工发展现状的批判性解读之后，结合深圳龙华区农民工社工干预实务经验，我们认为，社区生活空间指由制度环境、资源和认同三种结构类型组成、由社区居民参与而建立起来的社会日常及关系网络共同体，即从强调地域社区，转为重新强调社区义务、道德约束、公民精神、社群意识、群体性互助的有机体网络社区。

（一）理论假设与理论基础

1. 理论假设

（1）城乡二元社会结构是新生代农民工生存压力的根源

如户籍制度从各个领域将人们分割开来，区别对待，从而衍生了二元就业制度、二元医疗保障制度、二元教育制度、二元公共投入制度等（幸丽萍，2010）。正是这些制度的不平等，使农民工在多方面落后于城市职工，如文化水平、观念意识等，他们也难以享受与城市社会一样的福利，往往会背负着远高于城市职工的生活重担。对此，我们将重要学者的观点整理为如表 1 所示的内容。

表 1　城乡二元结构对新生代农民工的影响

	涉及的方面	出现的状况	产生的压力
城乡二元结构对新生代农民工的影响	劳动力市场信息流通不对称	盲目、随意地流动	人际压力；城市融入压力；经济压力；心理压力
	户籍制约	市民身份难以实现、市民待遇无法享受；流动和转移受阻，原生关系网断裂；城市融入状况欠佳	
	教育不公平	同工不同酬，竞争力下降	
	消费观念	消费水平较低，消费结构单一，消费行为保守，处于温饱阶段	

资料来源：笔者根据李奋生、梁舒禹（2007：146～147），钱正武、何虹（2014：74～78），王玉峰、陈宗慧（2016：20～29、94～95）的研究成果整理而成。

（2）新生代农民工普遍遭遇社会排斥

社会排斥是个人生活居住在一个社会中，没有以这个社会的市民身份参与正常活动的状态（彭华民，2005）。在社会分层中存在"集体排它"与"个体排它"两种排斥方式。户籍制度是造成农民工特殊社会分层地位的首要因素。改革前，为实现城市工业化，阻止农民进城，户籍制度成为"非所有权"式的、最为有效的屏蔽手段。农民工在整体上被排斥在城市正式居民之外（吕新萍，2010）。改革后，经济所有权趋于回归，户籍的"屏蔽功能"有所下降，并受到财产权和技术证书筛选机制的挑战（李强，2010）。尽管这一社会公平的机制与理念发生了根本变化，但在生产权与技术证书方面，新生代农民工并不占优势。如此，农民工遭受的社会排斥已由"集体排它"转为"个体排斥"，相应的，大多数农民工仍处于城市社会分层下层，因阶层固化而遭遇工作与生活的双重压力（李强，2010）。以下是学界关于新生代农民工社会排斥问题的重要观点（见表2）。

表2　新生代农民工的社会排斥状况

	层面	原因	表现
社会排斥	文化排斥	工业化发展、产业结构升级、大量高学历人才就业致使学历贬值；城乡二元结构致使城乡教育发展不平衡	就业被挤压，产生就业问题；教育落后，自身能力不足；劳动岗位科技含量低，待遇差
	经济排斥	城市消费水平高，农民工工资水平低；劳动力市场的高技术性、偏向性	经济压力，入不敷出；工作艰苦，工资低
	社会组织排斥	原生地缘关系断裂，城市关系网缺失；城市居民的排斥	农民工群体"抱团取暖"；自组织内卷化

续表

	层面	原因	表现
社会排斥	心理排斥	"外地人"标签； 身份认同不足	自我身份认同危机； 消极融入城市； 缺乏归属感与认同感
	政策制度排斥	城乡二元结构	户籍制约； 异地医疗受阻； 无法享受城市待遇

资料来源：笔者根据闫佰汉（2015）、杨菊华（2012）、崔岩（2012）的研究成果整理而成。

2. 理论基础

（1）米基利的社会发展理论

米基利在社会发展理论中谈及社会发展是"一个旨在改善作为整体的人口福利并伴之以一个动态的经济发展过程的有计划的社会变迁过程"（Midgley，1995）。社区生活空间营造正是通过打破新生代农民工个体原子主义，采用社区资本方式实现地区发展，以改善新生代农民工群体福祉。它通过以下三种策略实现：一是个人层面，聚焦于帮助个体实现自给自足和独立，通过教育、培训、支持等使农民工实现自立自强；二是集体层面，假定在现有社会群体中人们可以组织起来以满足他们的需要并获得对他们所面对的资源和问题的控制权。通过社区动员，激发新生代农民工广泛参与，依靠自己的力量，获得对问题的生命掌控能力；三是社区层面，强调基于地方社区的小规模活动，如参与公益活动、打造公益共同体实现社群主义公共的善，以抗衡城乡二元体制下对新生代农民工的排斥以及企业科层制度带来的个体原子化状态。

（2）所罗门的赋权理论

依据所罗门的赋权理论，赋权就是要用具体的策略去削减、消灭、抗击并改变社会中强势群体对弱势群体的负面评价（王思斌，2015）。社区生活空间下企业社工干预模式应是一个消除农民工无力感、促进个体意识觉醒、提高自尊与解决问题的能力、增进有机团结与城市融合的历程（见图3）。其中赋权的目标在于帮助新生代农民工将自己看作解决问题的行动者，社工是解决问题的伙伴（何雪松，2005）。新生代农民工处于弱势地位，社区生活空间介入是一个消除该群体无力感、提高自尊与解决问题能力、增进有机团结、重建融合发展的历程。

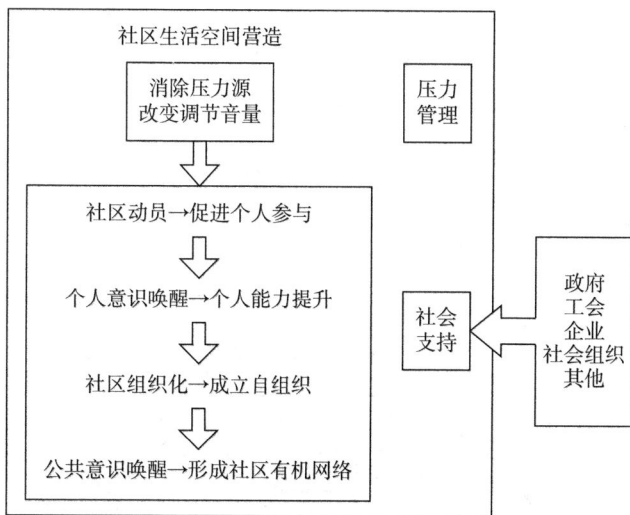

图3 社区生活空间视角下的企业社会工作干预过程

（3）建构主义理论

社会建构论作为建构主义理论的一个重要流派，不仅作为一种理论而存在，而且作为一种方法论被广泛运用。社会建构论已经成为社会科学领域被广泛建构的"方法论实践"，"在社会'问题'的研究中尤其见效"（陈秀兰，2008）。社会建构论中存在两种基本的主张：其一，强社会建构论者认为任何事物都是社会建构的，是理论、实践和制度的建构，受到文化、政治、制度的影响；其二，弱社会建构论者认为人类交往中的语言是隐匿于现实背后的客观性事实因素，社会现实是在人类交往中建构的。前者关注权力，后者关注意义。社会的主流意义或者说主流文化是人类社会自己建构出来的，当这种"主流"对农民工的生存产生不利影响，或说农民工不能很好地适应这种"主流"时，就需重新构建一种多元的"意义"，如叙事治疗中所言：当主线故事不适合"案主"时，就需要开发支线故事，这更适合农民工的生存状态。

建构社区生活空间就是赋予新生代农民工生活积极意义的过程，通过开发适合新生代农民工的"支线故事"营造出一个对农民工"具有支持性"意义的社会空间、人文空间及心理空间。在建构社工实务模式时，要注重方法的整合性，因为导致新生代农民工生存压力的因素是多方面的，仅从个人层面来改变或外部条件来处理都缺乏全面性。有学者经过实证研究发现，超时加班、工作环境有害和强迫劳动会恶化外来工的精神健康状况，而社会网络对此的调节作用甚微

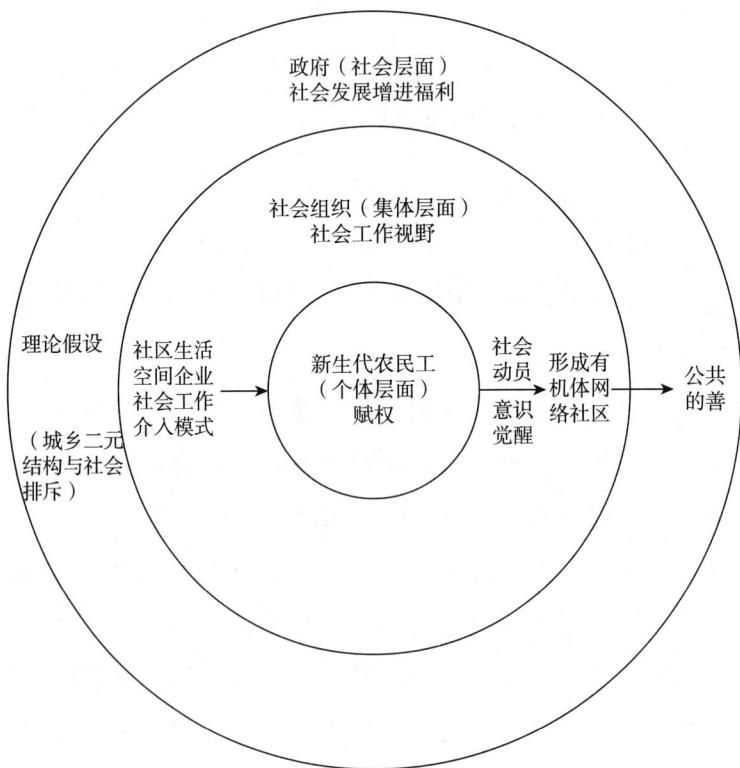

图 4 社区生活空间企业社会工作实务干预假设模式理论框架

（刘林平、郑广怀、孙中伟，2011）；并且，其压力状况并未因某些政策和法规实施而发生实质性的改变（龚晶、孙素芬，2014；刘林平、郑广怀、孙中伟，2011）。从这个角度来看，企业社工要逐步从个人、企业环境、社区、社会出发，整合个案、小组、社区三大方法为新生代农民工提供全方位服务。在这里，既要将农民工的内在情绪看作重要的压力源，也应把外在的环境因素等置放在干预的实务框架中。如此，社区生活空间实务干预模型将通过增强新生代农民工社会资本、培育解决问题的能力、促进个体意识醒觉、重建有机体互助网络等方式，最终实现该群体市民化与社会融合（见图4）。

（二）企业社会工作干预模型

在文献梳理的基础上，综合实证调查的结果，我们认为，通过企业社会工作干预新生代农民工的压力问题、建构一个发展性的社区生活空间，相比其他的实务模式来说，不仅是一种全新的视角，也是对传统企业社会工作模式的创新与突破，符合"以人为本"的新时代要求。无疑，此种"社区生活空间视域下的企业社工干预模式"（见图5），借鉴了"企业社会工作的社区综合发展模式"（李晓凤，2012）中"跨界别服务主体"的运作方式，形成了多元支持主体的服务队伍，包括政府领导、企业合作、社团运作、工会培育、义工协作、社会参与，即通过多元支持主体的相互协作来全方位服务于新生代农民工；同时，结合本土特征综合运用多元的企业社工介入模式，以此应对与处理新生代农民工面临的压力问题。

1. 社区生活空间视域下企业社会工作干预模式的特点

我们认为，社区生活空间视域下企业社工干预模式具有以下几个特点。

第一，通过"多元支持主体"的运作方式，可以有效地整合参与主体的力量与资源。这里的"多元支持主体"包括政府、企业、社

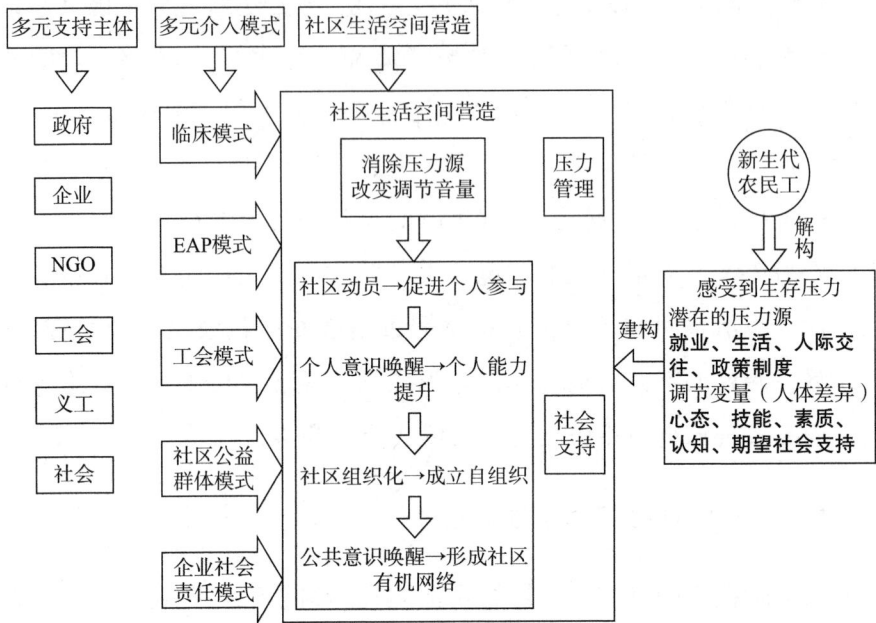

图 5 社区生活空间视域下企业社工干预假设模式

团、工会、义工、社会；服务对象以新生代农民工为主，也包括其家庭、朋友、社区、企业本身。而服务项目会因服务对象的多元呈现多样化态势，比如，针对农民工本身、农民工家庭、农民工自组织、农民工所在社区等多层面的服务项目。借助多元支持主体的力量与多样化、多层次的服务项目，则可以全方位服务于新生代农民工。

第二，社区生活空间视域下企业社工干预模式借鉴了多种企业社工实务介入模式，并结合本土企业社工实务的发展阶段，综合得出可操作化的多元介入模式来回应新生代农民工的压力问题，即在实务操作的过程中把"临床模式、EAP 模式、工会模式、社区公益群体模式、企业社会责任模式"等灵活运用于不同的情境中，有针对性地根据新生代农民工压力问题的不同层次与方面做出干预。

第三，该模式的最大特色是为新生代农民工建构了一个发展性的社区生活空间。在这个社区生活空间中，新生代农民工的社会资本得以提升，解决问题的能力不断增强，个体权利意识逐渐觉醒，有机体互助网络得以建构，甚至农民工自组织也可以为其提供支持。如此，可以从实现新生代农民工由个体层面能力（个人能力）的提升，逐渐扩展至集体层面（社会组织）的参与，最终达到社会层面（社会福利）的发展，由此推动该群体实现市民化与社会融合。

可见，社区生活空间视域下的企业社工干预模式是一个整合型模式。在该模式中受益者不单单局限于新生代农民工个人，也涉及其家庭、农民工群体、农民工自组织团体以及其所在社区、企业。比如，对农民工个人来说，可以帮助其找出压力源，包括生活压力、就业压力、人际交往压力、政策制度压力等，从而通过个体层面的赋权与能力提升来增强个人应对压力的能力。

2. 社区生活空间视域下企业社会工作的干预策略

从操作化的实务路径来看，企业社工模型显示的"社区生活空间"视域下压力干预模式，需要通过以下策略来实现。

第一，发展性社会工作视角下社区场域的营造策略。这种策略是处于集体主义层面的，强调对人所居住的地理与人文环境进行适当改造（王立、王中兴，2010），以营造更适合集体的生活空间与文化氛围。在这里，一方面，强调空间变化，即倡导社区空间布局再设计，合理聚集工人居住点，促使农民工之间、农民工与社区内相关教育、医疗、休闲、购物资源提供点的空间距离缩短，创造邻里互助的条件；另一方面，注重人文环境改造，如通过社区的墙面涂鸦，达到一种文化营造的效果，为农民工在视觉上缓解压力、其享受艺术带来的美感提供机会。

第二，社区互助共同体的生活空间营造。比如将新生代农民工群体中有共同需要或者有相同特质的人凝聚在一起，组成互助小组，通过社区活动拉近农民工之间的距离，打破城市社区邻里间"冰冷"的围墙。由此，增强工友之间的邻里互助意识，消除他们在城市社区里的孤独感和心理压抑感，重塑农民工的"熟人社会"（赵谦，2017）。

第三，社区民主参与的自治空间的营造。比如通过提升新生代农民工的社区参与意识，在有关农民工社区权益保障问题和福利服务的落实问题上，引导其发挥"主人翁"作用，积极发声。同时，为新生代农民工提供足够的民主参与社区事务的空间，增强其社区归属感与责任感（韩霜，2011）。

第四，在地社区文化的传承与创新的营造。通过鼓励农民工利用社区文化场所进行文化艺术交流和作品创作，包括文化自组织的建设，如女工小组、吉他社、武术队，以及社区文化活动如读书会、定期生活讲座的参与，来实现文化融合与社区治理（尹德志，2013）。

第五，新生代农民工自组织建设。通过开展文化娱乐活动的形式来重建社区的公共空间，从农民工的现实需求入手创建农民工自组织（杨宛，2017：10～11），如组建舞蹈队、歌唱队等。

第六，新生代农民工社会支持网络建设。在正式支持方面，制度上为农民工争取政策支持和福利服务；主观上促进农民工对政府政策的了解，可通过知识讲座与培训增强农民工获取政策信息的能力。在非正式支持方面，则应鼓励农民工积极参与社区活动，引导其自发组织"老乡会""联谊会"等，扩大其交往的范围，重新建立更为宽阔的网络圈，以此为其营造社会支持新空间（刘建娥，2010）。

参考文献

崔岩，2012，《流动人口心理层面的社会融入和身份认同问题研究》，《社会学研究》第 5 期。

陈秀兰，2008，《社会建构论：建构主义教学理论研究的新取向》，《现代教育科学》第 1 期。

高钟、王丰海，2012，《企业社会工作实务》，北京：中国社会出版社。

龚晶、孙素芬，2014，《保障模式影响农民工的身心健康吗——基于对在京农民工的调查》,《农业经济问题》第 9 期。

韩霜,2011,《城市社区民主参与和自治问题研究》,硕士学位论文,西安
　　建筑科技大学。

何雪松,2005,《社会工作的认识论之争:实证主义对社会建构主义》,《华
　　东理工大学学报》(社会科学版)第 1 期。

李培林、田丰,2011,《中国新生代农民工:社会态度和行为选择》,《社
　　会》第 3 期。

李强,2010,《为什么农民工“有技术无地位”——技术工人转向中间阶层
　　社会结构的战略探索》,《江苏社会科学》第 6 期。

李强,2004a,《农民工与中国社会分层》,北京:社会科学文献出版社。

李强,2004b,《市场排斥与政府扶持——我国脆弱群体就业的困境与对
　　策》,《人口与经济》第 1 期。

李奋生、梁舒禹,2007,《城乡二元结构对农民工的影响及对策探析》,《特
　　区经济》第 11 期。

李晓凤,2011,《我国企业社会工作的历史演进及实务运作模式初探——以
　　珠江三角洲地区为例》,《社会工作》(学术版)第 3 期。

李晓凤,2012,《企业社会工作“社区综合发展模式”的运作路径初探——
　　以深圳某工业型社区的企业社会工作实务介入为例》,《社会工作》第
　　2 期。

李晓凤、李羿琼,2012,《新生代农民工的现状及企业社会工作介入探索》,
　　《广东工业大学学报》(社会科学版)第 2 期。

李晓凤、万鸯鸯、林佳鹏,2018,《新时代企业社会工作教学、实务与研究的
　　新方向——2017 年中国社会工作教育协会全国企业社会工作专业委员会
　　第二届年会会议综述》,《社会工作与管理》第 5 期。

李彦、李开宇、王垒、刘美月、唐倩倩,2014,《基于城市社会－生活空间
　　理论的农民(工)城市融入测度研究》,《江西农业学报》第 10 期。

刘建娥,2010,《乡－城移民社会融入的实践策略研究——社区融入的视
　　角》,《社会》第 1 期。

刘林平、郑广怀、孙中伟,2011,《劳动权益与精神健康——基于对长三角

和珠三角外来工的问卷调查》,《社会学研究》第 4 期。

吕新萍,2010,《从社会排斥到社会共融——农民工融入城市的途径与方
法》,《中国特色社会主义研究》第 6 期。

马德礼,2016,《社会工作对异地青工心理调适问题的作用》,《肇庆学院学
报》第 6 期。

马红光,2017,《全国企业社会工作专业委员会首届年会暨中国企业社会工
作理论与实务研讨会会议综述》,《中国劳动关系学院学报》第 2 期。

钱正武、何虹,2014,《城乡二元结构的烙印:"大学生农民工现象"解
读》,《中国青年研究》第 3 期。

彭华民,2005,《社会排斥与社会融合——一个欧盟社会政策的分析路径》,
《南开学报》第 1 期。

深圳大学课题组,2018,《社区生活空间视域下新生代农民工生存压力及社
会工作干预》课题组内部调查资料。

王红艺,2011,《企业社会工作介入农民工服务:内容和推进模式》,《社会
工作》(学术版) 第 10 期。

王立、王兴中,2010,《基于新人本主义理念的城市社区生活空间公正结构
探讨》,《人文地理》第 6 期。

王思斌,2014,《社会治理结构的进化与社会工作的服务型治理》,《北京大
学学报》(哲学社会科学版) 第 6 期。

王思斌,2015,《社会工作机构在社会治理创新中的网络型服务治理》,《学
海》第 3 期。

王玉峰、陈宗慧,2016,《新生代农民工工作压力的形成机理——组织变革
视角的实证研究》,《青年研究》第 1 期。

谢鸿钧,1996,《工业社会工作实务》,台北:桂冠图书公司。

幸丽萍,2010,《城乡二元结构视角下的农民工消费研究》,《中国城市经
济》第 5 期。

徐莺,2010,《新生代农民工相关概念辨析》,《安徽农业科学》第 31 期。

闫伯汉,2015,《制度排斥、社会距离与农民工社会融入——基于广东省东
莞市的分析》,《北京社会科学》第五期。

杨菊华，2012，《社会排斥与青年乡－城流动人口经济融入的三重弱势》，《人口研究》第 5 期。

杨宛，2017，《公共空间视角下农民工自组织的功能分析》，硕士学位论文，中国青年政治学院。

叶鹏飞，2014，《企业社会工作服务农民工的主要内容、模式与方法》，《中国劳动关系学院学报》第 4 期。

尹德志，2013，《增强居民幸福感的社区文化建设研究》，《学术论坛》第 5 期。

张默，2014，《企业社会工作》，北京：社会科学文献出版社。

赵谦，2017，《国内心理委员研究十年回顾与展望——基于 225 篇样本的文献计量和内容分析》，《教育教学论坛》第 1 期。

郑广怀、刘焱，2011，《"扩展的临床视角"下企业社会工作的干预策略——以广东 D 厂的新员工为目标群体》，《社会学研究》第 6 期。

钟志平，2013，《基于城市社会生活空间视角下的农民工城市融入测度研究》，硕士学位论文，西安外国语大学。

周沛、陈静，2010，《新型社会救助体系研究》，《南京大学学报》（哲学·人文科学·社会科学版）第 4 期。

Midgley，James. 1995. *Social Development：the Development Perspective in Social Welfare*. London：Sage.

都市社会工作研究 第 8 辑

第 58~74 页

从主体性和公共性到"可行能力观":残障
社会工作研究的视角转换

张君安[*]

摘　要　残障研究从一开始以医疗模式为主,后转向以
社会模式为主,而如今又有转向普同模式的可能性。隐含在
这些转向当中的,是从对残障原因的关注转向对残障本体的
关注。社会模式使障碍群体的主体性得到彰显,但是研究者
逐渐转向普同模式,这种转向的理论背景是从主体性向公共
性靠拢。然而在主体性和公共性之间存在相辅相成的关系,
本文认为结合主体性才能发展公共性,同时,也只有在具有
公共性的社会环境下,主体性才能得以彰显。最后,通过阿
马蒂亚森的可行能力观来链接主体性和公共性,试图消解两
者之间看似冲突的状态,在可行能力的理论框架下使主体性

---

* 张君安,上海商学院社会工作系讲师,博士;主要研究方向为残疾人社会工作、社会转型
和社会分层等。

与公共性得以相辅相成的发展。

关键词　残障社会工作　主体性　公共性　可行能力观

一　前言

世界卫生组织 2015 年 12 月第 352 号报道指出，世界有超过 10 亿人口，约占世界人口的 15%，患有某种形式的残疾；1.1 亿～1.9 亿成年人有很严重的功能性障碍。除其他原因外，由于人口老龄化和慢性疾病的增多，残疾率正在不断上升。第二次全国残疾人抽样调查主要数据公报显示，全国（不含港澳台）残障者总数为 8296 万人，其人口总数比 1987 年增加了 60% 以上，占总人口的比例则从 4.9% 上升到了 6.34%；全国残疾人口中，0～14 岁的残疾人口为 387 万人，占 4.66%；15～59 岁的人口为 3493 万人，占 42.10%；60 岁及以上的人口为 4416 万人，占 53.23%（65 岁及以上的人口为 3755 万人，占 45.26%）。60 岁以上的老年残障者增加了 2365 万人，占到总增加人数的 75.5%（第二次全国残疾人抽样调查领导小组、国家统计局，2006）。无论是对世界还是对中国来说，现代社会的发展、工业化和城市化进程的加快，都使人们面对的生活风险在不断增加。另外，由于医疗水平的不断提升，死亡率在快速下降，但同时致残率也在同比增长，老龄化也是摆在各国面前的重要课题。

对于残障问题的研究取向都来源于对"残障"这一概念的认识与理解。不同的认识论下所提出的国家政策以及福利模式都不相同。在话语领域中，我国也逐渐从"残疾"这个带有标签化和污名化的医疗话语逐步转向"残障"这个非歧视性社会话语。在福利领域，也从"输血式"关爱逐渐转向"造血式"帮助，这种转向体现了我国对于残障问题的一种认知发展历史。对于残障问题的研究，我国还处于起步阶段，历史上国家对残障人士的政策性补助也只从实际需求入手，并没有关注到更深的认识论层面。在这种认识论缺乏的情况下，政策制定难免有不尽如人意之处。在硬性扶助，即工具性支持之下，难以形成友好的社会文化氛围，残障人士仍然会被隐匿于社会边缘；在非精准性福利之下，难以瞄准残障人士实际的需求，也可能造成大量公共资源的浪费。

二　残障主体性的彰显

萧易忻（2016）认为抑郁症被广泛认知，绝不只是公共卫生系统的社会建构，市场、政府、学界和媒体的社会建构才是此病名广泛渗透到社会各层面的关键。比起西方对于精神障碍的研究一直牢牢地被医学权力所垄断，我国精神障碍症者的主体性却能够在传统与现代、中医与西医之间的张力之下展现。但是萧易忻在社会结构与社会建构以及国家/世界的框架下分析的主体性的展现并不是以明确的自我认识为中心，而是消费社会所提供的物质基础使他们有了一定的"自由"去选择不同的治疗方式。他同时也指出，在新自由主义商品多元化的运作下，民众有权选用实证或另类医疗等不同医疗服务。病患成为主动的消费者，这虽然看上去是"反医疗化"的，是病患自决的，但这种在民众中"反医师专业权威的医疗化"，其实越发助长了"医疗化"。自由的个体通过医疗商品化解决健康的问题，呈现了由下到上的"医疗化"（萧易忻，2014）。这种由新自由主义以及消费主义裹挟的选择，实则并不能体现精神障碍者是如何真正关切自身利益的，也无法成为精神障碍者有意识为其所应当享有权力发声的主体性展现。

也有研究者讨论在国内仍然以"院舍式隔离康复模式"为主的情况下，主体性是如何在高度管控下艰难存在却又生生不息的。丁瑜、李会（2013）在论文中尝试回答四个问题，即精神病院的空间与权力关系是怎样的，在医院这一较为特殊的场所中残障者的主体性是如何体现的，残障者是怎样在病院的日常生活实践中实现充权的，以及"日常生活实践"这一源自实践的理论转向如何进一步指导社工实务。高夫曼（2013）指出在进入全控机构之时，个体就面对着"剥离程序"，目的是使个人与自身身份认同相剥离，使每一个个体的特殊性与差异性都得到统一。在这个过程中，主体性理应被消解。但是在全控机构中，个人仍然能通过细微的反抗来达到他作为个体的特殊性以及能动性，并以此来彰显或"寻求延续自我"的主体性，并且在严密的监视之下捡回一些"日常生活的碎片"。从康复介入的角度，丁瑜、李会（2013）认为精神病院中的社会工作者可以利用精神障碍者在全控机构"日常生活碎片"中的微小抵抗作为唤起其主体性的契机，并从中入手为其赋权，发掘当事人"更新自我认同和积极自主生活的参与能力"；认为在专家权力管控下残存的日常生活的两个特性是社工可利用的价值。第一个特性是前文提到的日常生活碎片化中的微小抵抗，可以让社工认识到精神障碍者是针对哪些方面做出反抗的，通过他们所努力"避让但不妥协"的方面来理解他们的经验与感受。第二个特性是这类"碎片化日常生活"是可以体现病人主体性的，换言之，精神障碍者能够从这些情境中汲取能量、获得较为正面的自我感受，即自尊、自我认知、接纳和自我价值。虽然不同于医疗工作者，社会工作者把焦点放在了精神障碍者的能动性与主体性上，认为"住院康复精神病人的日常生活是其充权的理想空间，是研究类似群体时可以应用的一个新的转向和视角"（丁瑜、李会，2013）。然而，在"全控机构"中，碎片化的日常生活是不被提倡的，这种非正式空间是否可以形成以追求自由为基础的主体性演绎场所值得讨论。社工所找到的为精神障碍者"充权"的方法是否能够得到在"全控机构"即精神病院中的主要施权者的认同呢？正如范斌（2004）所指出的，"充权"理论既要重视改革及改革所生成的社会体制和社会政策对弱势群体的构建和形塑的作用，也应当重视弱势群体的行动对正在变迁的经济和社会制度的形塑作用。就充权理论的本质而言，其应该是对社会体制和社会政策有所呼吁并倡导消除不利于精神障碍者的变革，而不是迫使他们适应环境；通过找回精神障碍者的主体性，之后通过精神障碍者所提出的要求做出对经济和社会制度改变的呼吁及行动。如果不提及这两种"充权"的真正含义，而只是唤起住院康复精神病人在"全控机构里碎片化"日常生活中的主体性，犹如唤醒了娜拉的主体性，则我们需要追问的是，"娜拉出走以后呢"？

杨锃（2014）关于"反精神医学"谱系的梳理给我们描绘了西方是如何一步步营造出一个适合"娜拉出走"以后的社会环境，社会变革是如何"唤醒娜拉主体性"而螺旋式推进发展的。"反精神医学"是指对传统精神医学常识的一系列挑战与批判，更加注重精神疾患者主体性重建的主张。"反精神医学"并不像基于生物精神医学立场的学者简约为"只是精神医学内部纷争的问题"，而是可以被理解为精神障碍者参与维权运动的重要环节，是精神障碍者自身主体性的彰显。虽然从西方反精神医疗的历程来看，也是从"全控机构"内部开始给精神残障者充权，激发他们的主体性意识，但并非拘泥于在"全控机构"中寻找一丝喘息余地。被收容者如果长期置身于一个不允许拥有自我、可以没有自我的状况之中，那么具有市民性的自我将会被彻底毁灭，而演变为戈夫曼所一再强调的全控机构中的"市民之死"。

所以在当下中国的一线残障社会工作的过程中，虽然不应该过多地要求能够做出一瞬间的改变，但是社会工作者自身也应该对自己的专业性进行不断反思，认识到残障社会工作最终仍然要以"残障者"自身的利益为基础，而不能重新坠入"以健全者为中心"的救助体系中去。在机构中为精神障碍者充权的行动，最终应该转化为精神残障者为自己的处境发声，为自己的利益做抗争。这也是主体性被唤醒的最主要目标,以及最后转化为公共性的首要力量。

三 公共性的形塑

从"公共性"的不同取向来说,其具有以下几个基本特点:作为目的和价值取向的"公共性"指的是特定空间范围内的人们的共同利益和价值;从参与者角度来看,"公共性"指的是人们从私人领域中走出来,就共同关注的问题开展讨论和行动,在公开讨论和行动中实现自己从私人向公众的转化;从参与程序角度来看,"公共性"指的是程序的公开、开放和公平,人们在平等对话中达成共识;从精神角度来看,"公共性"指的是个体基于理性与符合理性的法律而批判性地参与公共活动、维护公共利益和价值取向的精神(李友梅、肖瑛、黄晓春,2012)。目前残障研究以及残障实践从社会模式转向普同模式的过程也隐含了从彰显主体性到发展公共性的认识过程。

公共性的第一步体现在残障人士认识自己的共同利益和价值。杨锃(2014)认为在相关草根组织与类似的自助小组中,"反精神医学"运动起到了主要的推动作用。这些组织是由已被唤醒主体性的残障人士所自发成立的。这些组织主要的工作是为患者增能,通过告知那些无法从医务人员口中得到的药物副作用,劝告服药者根据身体反应自主减量等对抗权威精神医疗权力。甚至通过与精神医疗从业人员的合作,促进精神卫生领域的社会福利改革。从对自己日常生活的反抗开始逐步过渡到就共同关注的问题展开讨论与行动,即参与促进精神卫生领域的社会福利改革。从这一点来看,他们完成了从私领域到公领域的转化。这种将"参与"、"倡导""沟通"结合在一起,形塑出当事者共同行动的"共同性"基础,成为当事者权力保障的辩护人,组织本身就构成了生产精神卫生公共性的一个显著表征。

"反精神卫生"运动最重要也是影响最大的成果在于意大利的

《巴扎利阿法案》。这不仅是一部保护精神障碍者的法律，还是一部保护所有公民的自由意志和权利免受不当的精神医疗措施侵犯的法律，是一部体现"公共性"的精神卫生法。因为它在使精神障碍者获得自由并拥有同等的公民权利的同时，也保障了每一位公民的正当权益。从这一点上看，从私领域到公领域的转化，在保护少数群体的同时，也能够在社会精神上体现公共性，并且更进一步来说，是维护了所有人"免于恐惧"的自由（杨铿，2014）。美国医疗学者 Zola 等（1991）认为社会需要被教育，从而根除身心障碍者与一般人存在差异的看法。如果每个人都意识到自己也会经历身心障碍经验，身心障碍者与一般人之间的差异只是经历障碍时间的早晚而已，社会无须对身心障碍者抱持某种特别的心情与态度，接纳与包容彼此之间的差异才是彻底消除身心障碍人口遭受歧视与排斥的手段。他强调障碍经验不仅仅是障碍者的问题，更需要社会了解障碍经验的普同性。

这种从少数到多数，从个体私领域到公共领域的转化也体现在公共性设施上。当障碍论述走进社会模式之时，相应的实践便已经从医疗模式之下残障人士应该努力改变并适应现实社会的方式转变为社会应该如何改善既有的公共产品，使残障人士能够更加方便地参与到社会生活中。但是这种社会模式之下的"无障碍设施"实践也经历了批判性反思。王国羽（2015）认为，所谓"无障碍设施"或空间，是社会中有特殊需要的群体所使用的设施，例如障碍者、老人、妇女、幼儿等，被认为与其他社会大众无关。无障碍设施是"你们"使用的，不是"我"，所以那不是"我"的问题。正是在这种批评之下，随之出现的障碍论述转向普同模型，在这种论述之下实践方向转为通用设计。普同模型论述认为障碍经验是每个人都会经历的人生过程，并非社会中少数群体的特殊经验。并且，借助着老龄化的社会背景，将残障研究与老龄化研究结合起来被认为是可以提升影响力以及呼吁力的方法。王国羽（2015）引用了左拉的相关论点，也表明在认识论层面从独立的障碍研究转向与老龄化相结合的研究,在实践层面从针对少数群体的"无障碍设施"到面向大众的"普同设计"有其积极的作用。至此普同设计不仅仅将设计的目标群体定位于残障人士,更是为老龄化社会做准备,将目标群体最终定位于所有必将老去的普遍主体身上。由此,衍生出服务于最大多数人的"通用设计"。王国羽(2015)还认为这种包含了更多跟更广泛使用者的普同化设计可以成为消除外部环境阻碍的第一步。

把老龄化研究拖入障碍研究的确能够参与到这个有着共同利益和价值的实践当中。对参与者的范畴而言,老龄化与每一个人都息息相关,所有人都没有办法避免变老的过程。使更多的参与者参与进来,也是公共性的体现。但此类有关公共性所带来的社会改变的论述并没有涉及精神残障的相关人士。比起通用设计所能够解决的硬性或者说物理性障碍(如方便轮椅出入的门,车厢与月台处于同一高度等),社会上的软性或者说文化性障碍却难以根除。残障与老龄化结合过于紧密,会不会因此抹杀了障碍者主体性的特殊呢?

在对"公共性"的定义中,是否有能力参与公共活动也是一条重要的指标。残障者在参与社会公共生活时的"无能化"在残障研究的发展过程中被暴露出来,障碍研究所主要揭示的问题便是,在所谓"正常"的公共空间里、在貌似公平的制度层面,却不断排斥障碍者的参与,从而导致了丧失公平公正的公共性危机(杨铿,2014)。个人模式认为残障者是需要接受援助,甚至是需要进行治疗康复的个体,在这个模式中,残障研究从未涉及公共性。在医疗模式中,残障群体甚至在医学专业权力框架下无法把握自身的主体性。社会模式强调的是残障者的问题并不仅仅是个人层面的"损伤",而是源于社会制度等对障碍者发挥能力机会的剥夺。在社会模式中,我们是否真的找回残障群体的公共性了呢?

对于社会模式的批判源于从模式框架下所发展出的实践形式。在残障者社会生活的实践层面，在个别援助的康复机制运作时，环境改变仅仅局限在个体周围的微观层面，如居住空间的改造、对家庭照顾者社会支持的增强等方面，而在由障碍研究所倡导的打破中观与宏观层面的社会性障碍上，却往往显得几乎无能为力（星加良司、蔡英实，2015，转引自杨锃，2015）。当然社会模式的焦点在于，在蕴含身体差异的个人经验中，社会模式的局限不仅在于呈现多样化的障碍现象，还批判了基于社会模式的初期研究中并未充分探讨该现象而引发这些障碍的现实状况。

残障研究中对于社会模式的批判焦点也集中于此模式落实实践之时，可能会凸显残障研究的公共性危机。正是因此，Zola 等（1991）对于社会模式的批评才能有如此大的反响，并且其将残障研究与老龄化研究结合的方法也得到了众多支持。因为此结合把参与群体扩大，将所有人都纳入到关怀群体之中，体现了参与群体的规模。但是主张与政治权力合而为一的社会模式显然是将政治的、公共的问题和个体的、私人的问题区分了开来，并呈现轻视后者的一种去价值化倾向（星加良司、蔡英实，2015，转引自杨锃，2015）。正如上文所指出的，与老龄化结合的障碍研究，在躯体障碍的研究领域能够得到更多人的认同，能够形成更加紧密的公共性。可是这种公共性是否可以衍生至精神障碍群体之中呢？在此基础上，是否可以说在障碍研究中尝试构建精神卫生的公共性的同时，也会消解与医疗权威系统努力争取得来的障碍人士的主体性地位？在这两者的张力之中，我们是否可以找到一条既可以建设公共性又不至于消解主体性的路径呢？

四　可行能力观作为残障社会工作的方法

根据阿马蒂亚·森的理论，社会发展的最终目的是人生活质量的提高，而生活质量并不是由个体或者群体所拥有的财富的多寡决定的，而是根据人所拥有的自由来衡量的。自由在此理论中，并非一个抽象的概念，而是人们能够过自己愿意过的那种生活的"可行能力"（capability）。一个人的"可行能力"指的是此人有可能实现的、各种可能的工具性活动组合（森，2002）。在森的理论体系下，自由是发展的首要目标，自由在发展中又起到了"建构性"（constitutive）作用，即自由可以促进发展。森分析了五种可以促进发展的最重要的工具性自由：政治自由、经济条件、社会机会、透明性担保以及防护性保障。

森的可行能力观虽然是基于经济学领域展开论述的，但是此理论也是一种普适性的理论。突破了传统经济学的理论研究局限，找到了一种分析力更强、更广泛的角度。所以，可行能力理论不仅局限在国家经济发展、贫困、社会不平等此类宏观经济学研究上，也能将抽象理论转化为具体可操作的实践目标，对于提高特殊群体生活质量也能提出建设性意见。国内将可行能力应用于障碍研究的较少，且大多数是探究残疾人由于残障以及社会环境因素而可行能力受阻的相关问题。例如残疾人就业问题，有学者指出残障人士的就业困难主要是缺乏可行能力（冯敏良、高扬，2017）。除此之外，也有研究认为残疾群体可行能力的发挥受到个体及社会环境因素的多重阻挠，最终会陷入"赚取障碍"与"转化障碍"的恶性循环中，限制自身可行能力的发挥，无法脱离贫困（杨琳琳，2016）。于莲（2018）的研究则突破了仅仅将可行能力作为一种实践手段，而认为可行能力可以作为一种理论视角，将障碍产生的原因和障碍本身"解绑"，从而超越"医学模式－社会模式""社会隔离－社会融合""优势－劣势"这些不合理的二元对立。

本文认为，可以从森提出的五种工具性自由来分析主体性与公共性的路径。政治自由从广义的角度来看是指人们对什么人执政有一定的决定权，也包括监督并批评当局行为、拥有政治表达自由与出版言论自由等。这种自由是公共性的显现。但是这种公共性的显现需要有作为和主动性的行为责任人来推动。对于残障群体而言，其残障在医疗模式时期被认为是"个人"的问题，甚至在"社会模式"之下其也会有被束缚于私人领域的风险。对于精神障碍群体而言，问题尤其突出。他们被视为"无刑事责任能力的行为人"不具备主体性。正常社会一直对异常人群行使一种权力，即将他们视为异端，将他们隔离（福柯，2007）。过度简化地概括一个社群，忽视人与人之间的不同会削弱对实际存在的多样性的理解。而政治自由能够保证主体性的诉求被倾听，残障者也能够在各方面被正确合理对待。除了建立与社区精神服务相关的社会福利制度，转型期的中国应该培育精神卫生的公共性，除了需要直面来自制度供给与体制框架上的瓶颈，还需要激起人们参与公共生活的原动力以及倡导实现当事者的主体性（杨锃，2014）。所以笔者认为，现有的"自上而下"的政府推动型策略可以在社会工作者的介入下变成"自下而上"的拉动策略。社会工作者深入到基层社区或福利机构，嵌入专业理念，运用专业技巧，增强专业效能，并以此获得此群体的认可，了解其需求问题，以此来更好地满足精神障碍群体的生活需求，保证其生活质量。这也是给残障者充权，提高其主体性，带动其政治积极性的一个有效途径。而这种具有主体性地位推动的政策等也是形成社会公共性的一条路径。

从经济方面来看，慢性精神障碍患者虽然不一定生活在贫困线以下或处于"显性"贫困状态，但却在经济、政治和社会等层面遭受不同程度的排斥，处于相对或"隐性"贫困状态。由于其地位的脆弱性，一旦患病并且在患病期失业、在康复期难以就业就很容易跌入贫困线以下，成为"显性"贫困群体。在经济援助方面，残障者不应该被看作发展计划实行之后所得利益的被动接受者，应当作为被给予自主权和自由的主体对待。如今，此类注重经济与物质上的"输血式"救助，仍然把他们当作一个"无能者"来对待。如果经济状况的改善完全依赖于救助而不是"造血式"提升其就业能力与拓宽其就业渠道，则这不是长久之计。森认为经济不自由使一个人在其他形式上的自由受到侵犯时会使其成为一个手无缚鸡之力的弱小牺牲品。而失业本身也会对个人自由、主动性产生范围广泛的副作用（森，2002）。对于曾经有过工作的人来说被剥夺了曾有的劳动权利是对他们的二次伤害。而由于单一的经济支持也会使他们对以后的生活担忧，这种担忧慢慢转化成了现实生活的压力，这样的压力源又会使患者陷入忧郁焦躁的不健康恶性循环情绪。除此之外，在长期"输血式"救助的执行下，障碍者的主体能动性逐渐消散，慢慢地变成了依赖于福利救助而非自我能力的人。在这样一种情况下，公共性必然得不到彰显。

从"输血式"救助到"造血式"救助、唤醒残障人士的主体性必然与社会的公共性相关。在森（2002）的理论中，社会机会指的是社会教育、医疗保健及其他方面所实行的安排，这些安排可以影响个人能够得到他所珍视生活的实质自由。在我国公共卫生发展的这些年，慢性精神残障者的病理性康复以及病情稳定得到了政策层面的大力支持。但是再教育以及再就业等方面的社会安排还非常欠缺。而以上对社会提出的要求都与公共性密不可分。在中国香港，社会企业是一个能够为残障者再就业提供机会的机构。这些企业既给予残障者物质上的支持，如资金、实物资助，也给予他们工具性的支持，如直接提供岗位，或提供各种技能培训，增强其自身生存能力，进而提高其生活质量。而在内地，笔者在与用人单位就招聘精神障碍者的问题进行交流时发现，用人单位不希望聘用该群体的原因是：对残障者的病情不了解，担心他们发病，不利于企业管理；担心因发病而伤害到其他人，尤其是顾客；认为精神残疾的某些症状，如自言、自笑、自我清洁能力不强等情况的出现会影响企业形象；残疾人因为其特殊性，不是一般的岗位都能胜任，需要企业为其设置特别岗位，竞争压力过大、节奏过快的工作方式是诱发精障病人发病的原因之一，所以这个岗位对包括工作环境等的要求都比较特殊。虽然政府为了促进残疾人就业，通过社会就业政策《分散按比例安排残疾人就业办法》（广东省人大常委会，2000）等要求企业设置一定比例的残疾人岗位，为残疾人创造了岗位和机会，但关于精神残疾群体的针对性法律保护却还没产生。在英国，一项关于首发年轻精神病患进行个人安置和支持计划的研究（Rindaldi et al. , 2010）显示，69%的患者在友善的就业环境及教育与训练中得到支持。18 个月时，81%的人得到支持，就业率从 13% 达到 48%。社会机会是影响其他可行能力的一种实质性自由，它包括的社会教育、医疗保健以及其他社会安排都会对经济条件与政治自由产生影响。在香港精神病早期干预项目（Early Assessment Service Young People with Psychosis，EASY）中，公共训练包括如何更好地及时寻求到就业渠道以及精神病知识（Tang et al. , 2010）。医疗保健可以让患者免受病痛之苦，并使其逐渐恢复至过上有质量的生活。社会教育也培养了个人政治参与的能力。对于就业方面的再教育更是对今后回归社会、有能力过上自己珍视生活的保障。社会工作者也可以利用自身优势与相关部门沟通，为残障者争取应有的权利。如与教育部门协商，给予符合条件的精神分裂症患者以再教育和再就业培训的机会；与患者的前就业单位协商，给予其相应的养老保险资格；与相关企事业单位协商，给予有能力的残障者以再就业的机会。

从社会的安排来看，公共性的彰显也是促进残障人士主体性的途径。而这种主体性的觉醒也在一定程度上推动着公共性的发展。在这些关系中，公共性与主体性的张力得到了缓解，形成了螺旋式发展的动因。

森是在经济交往方式下提出此"实质性自由"的，认为透明性担保可以防止腐败、财务渎职和私下交易等不符合正常市场交易原则的行为。透明性担保所涉及的是满足人对公开性的需要。人们在社会交往中所需要的信用，取决于交往过程的公开、对信息发布及信息准确性的保证。没有这一类的保证，社会互动将会陷入互相不信任直至社会各社群交往崩溃的境地。而这一类的保证也正是可以体现公共性的地方。我国媒体对帮助弱势群体回归社会,对社会主流语境趋势的改变有很大的影响。对肢体残障人士和小儿自闭症患者等弱势群体的报道引起了群众同情与社会关注,但是对于精神障碍人士的报告仍然有失准确和全面。鉴于此,有必要转变媒体记者的观念,使他们能够通过主流话语系统,传送正确、客观的信息。这一点也需要社会工作者做出正确的社会倡导,从而使新闻界能够不是以"猎奇"的眼光而是客观公正地看待问题,为公众传送客观、科学的信息。除此之外,应当加强有关慢性精神障碍知识的宣传,使人们对此有正确的认识,消除恐惧心理。在社区邻里之间宣传相互帮助、守望相助的理念,开展各种活动,使邻里之间意识到他们是一个有着和常人一样情感认同的群体。

就五种工具性自由而言,有些是对诉诸主体性的强调,而有些是对公共性的诉求。残障者的发声不自由导致政策者没有途径倾听残障者的诉求,无法制定出符合不同程度残障者回归社会的政策。而残障者不发声,一方面是我国组织架构的体制性问题,另一方面是再教育这种社会安排并没有培养出他们对于主体性的认识和权利诉求的意识。社会安排也没有能够较好地解决残障者再就业的问题,直接导致其经济来源只能依靠由防护性保障提供的支援。而现如今防护性保障的来源很大程度上都依赖于政府的制度性安排,单一的救济型援助使残障者被变相地排挤在社会生活之外,进一步"失权"。由于信息的不透明,舆论环境对于慢性精神障碍社群的污名不仅导致了民众的恐慌,也使企业在用人方面存在偏见,从而进一步阻碍了残障者回归社会之后能够被善待、被包容、被接纳。而由于习惯性失声,残障者群体也没有对此做出辩驳回应。

五 结语

我国残障的医学模式一直占据主导地位,但近 20 年的残障研究逐渐转向社会模式，而今学术界进一步将残障研究推向普同模式。本文从目前相关的障碍研究着手，从认识论层面探讨障碍研究的主体性与公共性之间相辅相成的关系，希冀残障研究可以在彰显残障人士主体性的同时发展公共性。这些认识论层面的观念及研究最终还是要以实际落地为主要目的。因此，本文也结合可行能力理论尝试对我国残障社会工作提出相关意见和建议。

从实践层面来看，可行能力观致力于结合社会模式和普同模式，是个体条件和社会条件相结合的模式。可行能力理论可以帮助我们更好地发现人们的需求，构建更为完善的人权体系、福利体系和社会体系，进而根本地、整体地、精准地消除障碍（于莲，2018）。在残障社会工作的服务过程中，要尊重其主体性诉求，正确地应对由残障差异所导致的需要。从这一方面来说，可行能力理论是借助社会模式为残障者提供社会援助手段以促进其自我增能。可行能力观也是在扩展普同模式下残障社会工作的实践领域。从针对障碍群体的援助过渡到从针对更广泛群体的障碍体验着手，使障碍从特殊化转变为普遍化，最终清除障碍歧视。

参考文献

丁瑜、李会，2013，《住院康复精神病人日常生活实践中的充权：一个广州的个案研究》，《社会》第 4 期。

第二次全国残疾人抽样调查领导小组、国家统计局，2006，《2006 年第二次全国残疾人抽样调查主要数据公报》，《中国康复理论与实践》第 12 期。

厄文·高夫曼，2013，《精神病院：论精神病患与其他被收容者的社会处境》，台北：群学出版有限公司。

范斌，2004，《弱势群体的增权及其模式选择》，《学术研究》第 12 期。

冯敏良、高扬，2017，《积极福利视角下残疾人就业政策的转向探析》，《残疾人研究》第 2 期。

福柯,米歇尔,2007,《规训与惩罚》,北京:生活·读书·新知三联书店。

广东省人大常委会,2000,《广东省分散按比例安排残疾人就业办法》。

李友梅、肖瑛、黄晓春,2012,《当代中国社会建设的公共性困境及其超越》,《中国社会科学》第 4 期。

森,阿马蒂亚,2002,《以自由看待发展》,北京:中国人民大学出版社。

王国羽,2015,《障碍研究论述与社会参与:无障碍、通用设计、能力与差异》,《社会》第 6 期。

萧易忻,2014,《新自由主义全球化对"医疗化"的形构》,《社会》第 6 期。

萧易忻,2016,《"抑郁症如何产生"的社会学分析:基于新自由主义全球化的视角》,《社会》第 2 期。

星加良司、蔡英实,2015,《试论残障社会模式的认识误区及其实践性陷阱》,转引自杨锃《残障者的制度与生活:从"个人模式"到"普同模式"》,《社会》第 6 期。

杨琳琳,2016,《可行能力视角下残疾人就业的实现困境与完善路径》,《残疾人研究》第 4 期。

杨锃,2014,《"反精神医学"的谱系:精神卫生公共性的历史及其启示》,《社会》第 2 期。

杨锃,2015,《残障者的制度与生活:从"个人模式"到"普同模式"》,《社会》第 6 期。

于莲,2018,《以可行能力视角看待障碍:对现有残障模式的反思与探索》,《社会》第 4 期。

Kleinman, Arthur. 1985. *Culture and Depression*:*Studies in the Anthropology and Cross-Cultural Psychiatry of Affect and Disorder.* California:University of California Press.

Rindaldi, M., Perkins, R., McNeil, K., et al. 2010. "The Individual Placement and Support Approach to Vocational Rehabilitation for Young People with First Episode Psychosis in the UK," *Mental Health* 19(6), 481 – 491.

Tang, J. Y. , Wong, G. H. , Hui, C. L. , et al. 2010, "Early Intervention for Psychosis in Hong Kong, the EASY Programme," Early Intervention in Psychiatry, 4 (3), 241 –219.

Zola, Irving Kenneth. 1991. "Bringing Our Bodies and Ourselves Back in: Reflections on a Past, Present, and Future 'Medical Sociology'," *Journal of Health and Social Behavior* 32 (1): 1 –16.

都市社会工作研究　第 8 辑

第 75~106 页

© SSAP, 2020

1~3 岁婴幼儿家庭中新手妈妈的母职 角色适应研究

崔佳丽　　陈　佳*

摘　要　1~3 岁婴幼儿家庭中新手妈妈的母职角色适应状况影响着她们自身的情绪和整个家庭的和谐，是个不容忽视的问题。本研究基于家庭系统论，通过访谈 15 组家庭中的新手爸妈和参与育儿的祖辈，及非参与式观察家长支持性小组 "妈咪宝贝帮"，发现新手妈妈普遍在母职角色适应上存在问题，主要表现为：亲子亚系统的母职焦虑、夫妻亚系统的沟通不畅、父母亚系统的代际关系紧张，及三个子系统所赋予的三重角色的冲突。本研究提出家庭系统各子系统成员需要互相理解，相互协作，促进新手妈妈母职角色的顺

---

* 崔佳丽，上海大学社会工作系社会工作专业硕士，主要研究方向为儿童社会工作等；陈佳，上海大学社会工作系讲师，博士，主要研究方向为老年学、老年社会工作、家庭社会工作等。

利适应。同时，要推动家庭社会工作的发展，为 3 岁以下的
婴幼儿家庭提供适当的家庭教育和其他支持性服务。

关键词 新手妈妈 母职角色 角色适应 家庭系统

一 引言

家庭是儿童成长的重要场所，父亲和母亲的共同陪伴对儿童的成
长起着重要的作用。对孩子来说，健康的成长环境需要父母的共同参
与。随着经济社会的发展，为了追求更好的生活，越来越多的青壮年
劳动力向发达地区迁移，截至 2010 年的统计数据显示，上海的人口
迁入率已达到 21.3%（刘晏伶、冯健，2014）。大城市对人口的"虹
吸效应"为当地带来更多的新生人口，上海新出生人口已从 2000 年
的 8.53 万人增长到 2017 年的 19.7 万人，18 年间增长幅度高达
131%，相应地，新手家庭的数量也在增多。人们的思想观念也在不
断转变，家庭规模逐渐缩小、结构核心化（江曼莉，2016）。现代家
庭原本就面临着经济压力、工作压力、住房压力、医疗压力、养老压
力等，一旦家庭中有新生命降临，新手家庭就会增加家庭照料压力、
教育压力，从而承担的总体压力也不断加大。经济压力迫使双方无法
放弃职场生活，因此新手爸妈既要忙于工作，又要抽出时间照顾孩
子，原本扮演的"男性""女性"角色，和新赋予的"父母"角色产
生冲突，全新角色的适应和双重角色的平衡对于新手爸妈来说困难重
重。根据《中国妈妈焦虑指数报告》，最焦虑的是上海妈妈，焦虑指
数高达 70.72%，而在该群体中占比相当高的是新手妈妈，主要表现
为母职角色适应不顺畅。对于新手妈妈来说，从孕期、产期到抚育新
生命，连续的过程需应对不同的棘手问题，容易陷入焦虑状态。在育
儿过程中，一方面，女性独特的生理构造和"天性"使得其与孩子的
身体接触、情感联结及对孩子的日常照顾等都多于家庭内的其他成

员，使她们对孩子的关注度更高，对孩子的成长发育问题更加敏感。另一方面，精细化育儿模式的盛行也使新手妈妈容易封闭于自己的世界，过度猜测甚至臆想育儿问题的严重性。虽然在我国传统家庭中，母职被看作女性的天职，但是在当代社会中越来越多的女性表现出母职适应不良。初为人母，女性在经历生理变化的同时，心理也发生了很重要的变化，新身份的出现带来新的问题，需要着重关注这一发展历程中女性的心理变化（蔡玲，2015）。这一阶段是角色冲突时期，母亲角色带来的是多样性的责任；而母亲自身的健康情况、自信心、心理状况、受教育程度、有无育儿经验和社会支持状况等因素也将对新手妈妈在母职体验方面形成不同的影响（Conway，1974）。

育儿不应仅仅是母亲单方面的责任，家庭成员的支持以及由此涉及的各种家庭关系同样可能对母职适应造成影响。从时下热词"全职妈妈""工作妈妈"探讨新手妈妈工作和生活的平衡，到"中国式丧偶家庭"提到父亲角色在育儿过程中的缺失，再到"老漂族"所表现出的老人背井离乡、融入新手家庭参与育儿。这些词语体现出参与育儿主体的多元性。育儿过程是需要整个家庭系统配合的，仅仅依靠新手妈妈根本无法解决育儿问题，新手爸爸的参与和配合能减少新手妈妈的部分压力，给予新手妈妈母职角色适应的支持。同时代际合作育儿也成为城市家庭的育儿新趋势。出于经济与安全考虑，绝大部分的家庭会选择双方父母中的其中一方帮忙照顾孩子。老人进入子代家庭，形成临时主干家庭。这种临时主干家庭的组成是以照顾孙代为实践基础的（张红霞，2014）。家庭中上一代的进入一定程度上会缓解育儿压力，但是从另一个角度来看也会产生代际的冲突和摩擦。父职角色缺失，缺乏调节关系的润滑剂，这对新手妈妈角色的适应也会产生影响。

在新的家庭和社会背景下，母职的适应不仅仅涉及"母性"单一的角色，更与表现其自我的"女性"和表现其家庭关系的"妻性"

这两重角色息息相关。母性角色存在的前提是家庭的构建，只有独立的女性与男性组成家庭，衍生出"妻性"角色，孕育新生命，女性才有可能成为母亲，扮演母职角色。同时，当前母性角色要求新手妈妈能够成为孩子的榜样，这就意味着她们也要保持独立的自我，实现自我的"女性"价值，这三种角色是相互辅助的。母职角色的扮演实质上是母亲与家庭系统中的其他成员互动的过程，所以对母职角色的研究不能孤立地只从"母性"这个角度出发，新手妈妈在与家庭系统互动过程中所体现出的"女性"与"妻性"这两个角色也需要考虑。当代社会对女性的期望从单一的贤妻良母转变为希望她们能够兼顾职场，更高的角色期待给新手妈妈的角色适应带来了挑战。同时，新手妈妈在与整个家庭系统的互动过程中，以新出现的身份"母性"不断地与整个家庭系统成员磨合。基于这样的研究背景，本研究以家庭系统理论为指导，旨在探讨以下研究问题：①在"女性""母性""妻性"的三重角色下，新手妈妈的母职角色适应状况如何？②如果新手妈妈的角色适应不良，则阻碍其角色适应的因素有哪些。具体来说，一是为新手妈妈母职角色的顺利适应寻找刺激因素，规避阻碍因素，减轻新手妈妈的母职压力；二是提高新手家庭的协作育儿能力，解决新手妈妈初生育面临的问题，让新手家庭享受新生命带来的美好，提高家庭幸福感，营造和谐家庭氛围。

二　文献回顾

（一）关于母职角色的研究

国内外的很多学者在研究母职角色时使用的是"母亲角色"一词，笔者通过查阅文献发现，从研究对象和研究内容来看，这二者并无较大区别，为了避免遗漏重要信息，所以笔者将二者的相关研究结合起来进行梳理。母职角色是社会结构中最基本的角色之一，是所有有子女的女性社会成员的固有角色，该身份包含着女性自我、家庭和社会对其的期待要求以及所要遵守的行为规范。母亲在扮演角色过程中，表现出的是母亲与他人互动的过程，家庭系统作为社会的一个子系统，也包含着其他子系统。它就像一个社会舞台，只有各种角色都自觉遵循角色规范，才能够促进家庭的良性发展。社会尽管存在些许对母职的期待，但并未做全部限制，母职角色仍拥有其自由性。

总体上看，学界比较认同的是甘玉霜（2005）将母职角色具体划分为工具性角色、情感性角色、教育性角色。这三种角色内容的分类整理原本是对亲职角色的分类整理。其中工具性角色指的是负担家庭的物质条件、孩子日常生活照顾、孩子安全与健康的维护、家务整理、负责外界联系等；情感性角色指的是陪伴孩子游戏、对家庭成员表达亲密、给予家庭成员关怀支持、与家庭成员相互分享倾听等；教育性角色指的是指导孩子学习、促进孩子的智力发展、对孩子进行生活技能常规训练、给予孩子良好行为示范引导、引导子女社会化等。尽管是在论述"母性"职能，但"妻性"角色承担的照顾家人、友好互动的任务和"女性"个人价值的体现也都囊括在内，所以母职角色的研究内容是涵盖"母性""女性""妻性"三种角色的。此外，也有对母职角色世代变迁的研究，吴书昀（2010）认真细致地搜集了中国台湾地区两个世代 47 位母亲的访谈资料，分析比较了她们的母职意识和她们对相关政策的态度变化，他将母职意识的展现区分为顺应文化期待的母职、工作角色的融入、照顾角色的解构三种模式，并结合对北欧等育儿福利完善的国家政策的借鉴提出了相关政策建议。应莹（2013）则将母职角色涵盖的内容扩大化，在以北京地区为例分析的基础上，通过对 3 位居住在北京的职业女性的访谈，认为母亲在家庭中扮演了教育者、健康和营养管理者、家庭关系协调者、教育理念普及者的角色。

（二）关于新手妈妈母职角色的研究

本文聚焦于新手妈妈母职角色适应存在的问题。文献主要体现在两大方面，一是新手妈妈自身，包括传统的母职焦虑，以及现阶段三重角色期待所带来的角色紧张；二是家庭系统互动中各个子系统成员的冲突，家庭或其他关系中的行动都是彼此相关联的，每一个家庭成员的行为都会影响到其他家庭成员。

传统上所认为的母职角色适应不顺畅，特指"母职焦虑"。一种是指育儿焦虑，"育儿焦虑是父母意识中的一种独特现象"（桑标，1998）。最早的学者桑标（1998）从独生子女与亲子关系的角度，认为育儿的具体事务会引发紧张不安与过分敏感，同时，他也认为育儿焦虑的内容会随着婴幼儿年龄的增长而相应地改变。陶艳兰、风笑天（2016）聚焦的则是中产阶级育儿焦虑所带来的"为人母之艰"，是由育儿焦虑所引发的母职角色的适应问题，是从政策的角度进行考虑。金一虹、杨笛（2015）更进一步提出，正是社会对母亲的严格要求，从最初的"工作母亲"到现在的"超级妈妈"，社会所塑造起来的"母亲神话"的背面就是母亲焦虑，才使全民育儿焦虑转化为母亲焦虑症。部分学者则在这一概念中引入父职角色，常态化的"父职缺失"、夹缝中的"父亲在家"导致母亲焦虑（李桂燕，2018）。另一种则倾向于对现阶段女性身份增加的探讨，初为人母，从原先需要承担的"女性""妻性"两重角色增加到"女性""妻性""母性"三重身份。"女性"是现代化意义上的、具有独立人格保障的，这是需要自己去争取的。一旦一个女性结婚成家，就既要充当一个好妻子又要充当一个好母亲，女性的独立性和"妻性""母性"的从属性就构成了人性内在的根本冲突（夏国美，1999）。角色的增加给新手妈妈增添了心理压力，导致孩子的些许变化都会让新手妈妈处于焦虑状态，而且自己照顾孩子的笨拙也会产生内疚、自责的情绪，因此在这个阶段新手妈妈的情绪属于不稳定状态。家里有了新生命之后，全家的注意力都会转移到孩子身上，新手妈妈会感到失落，尤其是丈夫们关注焦点的转变会让她们处于情绪低落的状态，对自己存在的意义产生疑惑。

伴随着第一个孩子的到来，家庭系统中将发生很多新的组合与变化，新手妈妈同其他家庭成员之间往往存在分化不清、界限模糊、缺乏自主性、权力不平衡、冲突频生等情况（蔡玲，2015）。首先，新手爸爸没有孕育新生命的直观感受，他们对自己父职角色的体会并没有像新手妈妈那样直接，充满对新身份的未知与迷茫，对角色的认知也处于探索状态。这个阶段的他们"不知道做什么"和"需要怎么去做"两种思想普遍存在，因此新手妈妈们对他们的评价都偏向于"无动于衷""手忙脚乱"等负面词语。与此同时，多数家庭上一代会进入家庭帮忙照顾孩子，家庭的经济压力大部分集中在父亲身上。他们忙于工作，没有时间关注家庭的动态变化，较少和妻子沟通交流，导致他们很少参与育儿的过程，以及或多或少会忽视妻子的感受，致使妻子在适应新角色方面的压力没有人分担，只能内化，因此新手妈妈极易产生角色适应不顺利问题。父职角色的式微化使不熟悉一切的新手妈妈需要自己独自去探索育儿的一切，压力的集中化也会使她们焦躁；她们需要向外发泄情绪，多数会向丈夫诉说。但是双方的互相不理解，极易造成这一阶段夫妻关系紧张，新手家庭可能会面临"丧偶式婚姻"。对美国第一次和第二次的全国家庭和住户调查数据进行的分析发现，产后与丈夫相处时间减少以及不公平家务劳动的增加是导致新手妈妈婚姻满意度下降的主要原因（Dew & Wilco，2011）。部分学者强调的是"丧偶式"育儿中夫妻之间和亲子之间的问题，他们认为"丧偶式"育儿最先影响的是夫妻关系，先是"丧偶式婚姻"。这一阶段多数新手爸爸还不习惯承担父职，比较"游手好闲"，所以长年只有新手妈妈承担育儿职责。长此以往，职场和生活的双重压力导致她们变得焦虑、敏感和缺乏安全感，矛盾累积，对另一半产生不满情绪，夫妻之间难以进行正常的沟通和互动，双方都有怨言，以致使家庭氛围紧张与关系不和谐，同时，也会伴随着使夫妻彼此间的负面情绪传递给孩子，导致孩子容易缺乏安全感（石海娥，2017）。另外，除了新手父母的参与，隔代照料也是中国家庭 1~3 岁婴幼儿的主要照料模式，老人进入新手家庭，会形成临时主干家庭，三代同堂一起生活。夫妻工作期间只能由双方父母代劳照顾孩子，新手家庭出现外来者。原本可以忽略的生活习惯问题瞬间放大，教养理念的差异、沟通问题的显现使两代人共同的生活或多或少出现问题，甚至出现极端化的问题。这都会影响着彼此的情绪，会让新手妈妈压力加大。丈夫的放手不管、代际冲突也得不到恰当解决、压力的自我内化使她们精神处于高度紧张状态。关于代际关系，部分学者主要指向婆媳关系，它在家庭生活中有举足轻重的作用，从某种程度上讲，它可以左右着家庭中其他诸种人际以及代际关系，进而影响到新手妈妈的母职角色适应（时蓉华，1986）。

（三）家庭系统论与新手妈妈母职角色适应

家庭系统论是由系统论发展而来的。系统论的发展经历了漫长的过程，从最早的"整体大于部分"的系统思想，到人类学家将系统的观念引入社会科学领域，由此产生结构功能主义（Broderick，1993），再到发展出系统论的两大基础理论，分别是大系统理论和控制论，并开始将其运用于家庭研究领域。系统论认为：系统不是单一元素，而是由多个互动元素构成的复合体，这些互动元素是由各类因素以及因素间的关系组成的（Bertalanffy，1968）。同时，系统是动态发展、不断建构的。在系统观念的影响下，许多家庭治疗师将系统论运用到家庭治疗中。家庭系统论最早是在 20 世纪 40 年代末由美国心理治疗家默里·鲍恩（Murray Bowen）教授提出的，后经由约翰·豪威尔、玛格丽特·辛格、萨提亚等发展，目前已经发展成一套完善、丰富的理论体系。家庭系统论倾向于认为家庭系统是开放的、持续的，不断捕捉目标的，具有自我约束性的，具有独特性别和代际结构的社会系统，不同的是家庭作为关系网络，并不仅仅是家庭成员的集合体（Nichols & Schwartz，2004）。家庭系统论是在家庭中运用系统思维的方法，用以指导对个体、夫妻和家人在相互关系中、活动情境中的情感、思想和行为进行研究。家庭是一个系统，家庭成员彼此间的情绪波动会互相影响；家庭系统中情感的过程会产生持续的作用，慢性焦虑等情绪会在代际间传递；家庭系统中维护平衡的动力法则就是，家庭中儿童出现问题也反映出当前家庭成员的关系存在问题，儿童的问题是为了维持家庭系统的平衡而出现的。家庭系统论将个人、家庭、社会置于一个共同的脉络上，将家庭内外压力结合起来进行思考。家庭中常见的压力因素，包括父母自我的分化程度、家庭中的三角关系及与原生家庭的牵连纠葛，都对整个家庭系统的互动产生影响（欧阳洁，2015）。

三 研究设计

（一） 研究框架

以新手妈妈为主要的研究对象，辅之以整个家庭系统，包括父母亚系统、夫妻亚系统、亲子亚系统（由于本文的研究对象为新手妈妈，所以不考虑亚系统），了解母职角色适应的现状，家庭系统互动过程中的三个系统导致母职角色适应存在的问题，分析怎样才能促进这三个系统的良性互动。

图 1 中实线围成的大长方形代表整个家庭系统，其中三个小长方形分别代表夫妻亚系统、亲子亚系统和父母亚系统，同时各自包含着不同家庭成员组成的元素，这些除新手妈妈之外的元素都影响着该群体；虚线象征着三个子系统间的互动不顺畅或者存在问题，正因此才

导致中间圆圈代表的新手妈妈母职角色的适应存在问题；三个子系统间除了两两互动，其实也是一个小型的循环系统，其中一方受到影响，另两方也都会相应被辐射到。

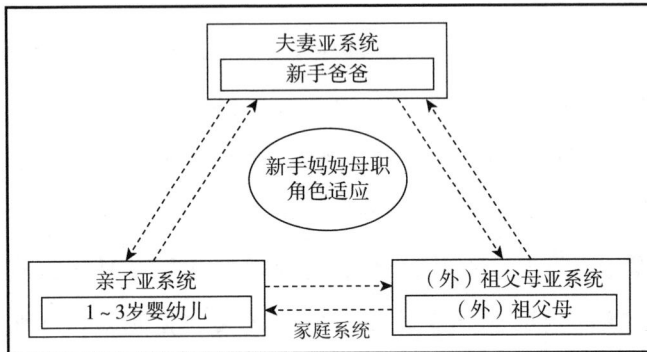

图 1 新手妈妈母职角色适应的家庭系统

（二）研究方法及对象

本研究将研究的重点放在家庭系统的互动对母职角色适应产生的影响，聚焦于具体的现实情境。相对于定量研究来说，定性研究更能反映现实情况的复杂性，能够动态地描述出母职角色适应过程中家庭子系统间的互动，系统地观察出新手妈妈在家庭系统间的行为和相互作用。本研究强调的是在新时代背景下新手妈妈适应的特定困惑，所以面对面的访谈更具有灵活性，能适应不同的调查对象，能够更加有效地理解他们的主观认知，深入地理解新手妈妈角色适应中存在的问题和如何改善这一现状。基于以上分析，本研究采用定性研究中的半结构访谈和非参与式观察法。运用深入访谈法，本研究共访谈了来自15 组家庭的30 人，其中15 组家庭中新手爸妈都作为访谈对象参与，除去4 组家庭，其他家庭均未有隔代参与育儿，因此没有将祖辈纳入研究范围。11 组家庭中8 位（外）祖父母的基本信息均由访谈过程中新手爸妈提供，（外）祖父母具体参与育儿过程中与新手妈妈的互动，以及其他相关问题由8 位（外）祖父母自己回答。

研究对象家庭基本情况如表1所示。

表1　研究对象家庭基本情况

编码	身份	年龄（岁）	学历	职业	宝宝月份	主要照顾者
F－1	爸爸	32	研究生在读	公司职员	15个月	双方老人工作日；父母周末
M－1	妈妈	32	本科	公司职员	15个月	
G－1	爷爷	65			15个月	一周带三天
F－2	爸爸	34	本科	公司职员	16个月	
M－2	妈妈	32	本科	全职妈妈	16个月	妈妈、外婆
G－2	外婆	66			16个月	
F－3	爸爸	37	研究生	公务员	24个月	
M－3	妈妈	35	研究生	公司职员	24个月	祖父母
G－3	奶奶	61			24个月	
F－4	爸爸	32	本科	警察	18个月	双胞胎，妈妈和外祖父母分别带
M－4	妈妈	31	本科	公司职员	18个月	
G－4	外婆	56			18个月	
F－5	爸爸	31	本科	公司职员	15个月	
M－5	妈妈	30	本科	公司职员	15个月	祖父母
G－5	爷爷	62			15个月	
F－6	爸爸	40	研究生	公司职员	22个月	
M－6	妈妈	39	研究生	公务员	22个月	外祖父母
G－6	外婆	67			22个月	
F－7	爸爸	32	研究生	公务员	20个月	
M－7	妈妈	29	博士在读		20个月	祖父母
G－7	奶奶	59			20个月	
F－8	爸爸	33	研究生	公司职员	12个月	
M－8	妈妈	32	研究生	创业中	12个月	妈妈
F－9	爸爸	34	本科	公司职员	23个月	爸爸、妈妈
M－9	妈妈	34	本科	全职妈妈	23个月	

续表

编码	身份	年龄 （岁）	学历	职业	宝宝 月份	主要照顾者
F－10	爸爸	33	研究生在读	全职爸爸	25 个月	爸爸
M－10	妈妈	32	研究生	医生	25 个月	
F－11	爸爸	32	本科	公司职员	12 个月	外祖父母
M－11	妈妈	31	本科	教师	12 个月	
G－11	外婆	60			12 个月	
F－12	爸爸	32	本科 （美籍华人）	公司职员	17 个月	妈妈
M－12	妈妈	30	本科	全职妈妈	17 个月	
F－13	爸爸	31	本科	海军	12 个月	妈妈、祖父母
M－13	妈妈	31	本科	海军	12 个月	
G－13	爷爷	63			12 个月	
F－14	爸爸	36	研究生	公务员	17 个月	祖父母
M－14	妈妈	31	本科	公司职员	17 个月	
G－14	奶奶	59			17 个月	
F－15	爸爸	36	本科	公务员	20 个月	妈妈、外祖父母
M－15	妈妈	35	本科	教师	20 个月	
G－15	外公	62			20 个月	

注：F 代表新手爸爸，M 代表新手妈妈，G 代表（外）祖父母。

四 研究结果

本文的研究结果将从以下两个方面呈现。一是新手妈妈母职角色适应普遍存在问题，主要体现为：亲子亚系统的母职焦虑问题、夫妻亚系统的沟通问题、父母亚系统中代际关系紧张、三个系统所赋予的三重角色的紧张这四方面。二是家庭系统的子系统间相互影响。影响新手妈妈母职角色适应的因素来源于三个子系统成员的互动，主要包括：亲子亚系统的新手妈妈自身因素、夫妻亚系统间新手爸爸的参与度与妻子的沟通状况、父母亚系统中新手妈妈与双方家庭的互动状况。

（一）新手妈妈母职角色适应的现状

笔者所访谈的 15 组新手家庭中，其中 13 位新手妈妈表示自己角色适应或多或少存在问题，仅有 2 位新手妈妈表示自己角色适应比较顺利，同时从其他家庭成员的角度来看，他们也普遍反映新手妈妈母职角色适应不顺畅。因此，本研究接下来会从家庭系统的三个子系统来具体分析存在的问题。

1. 亲子亚系统

亲子亚系统主要是关注新手妈妈自身和新手妈妈与婴幼儿的互动，反映出来的是新手妈妈的情绪问题，特指母职焦虑。母职焦虑体现在"我很害怕"、"我不是好妈妈"和"我要成为好妈妈"三个方面，新身份所带来的恐惧感、极端的自我否定和过高的自我期望体现在这一群体中。

第一，"我很害怕"是新手妈妈对拥有新身份的恐惧感。由于自我身体状况和身份的变化，新手妈妈对已改变的情况充满恐惧。很多新手妈妈都提到，在产后一年发觉自己的身体素质在下降，例如视力下降、身体抵抗力下降等，她们也在担忧着自己与世界的脱节。同时，由于自己外貌和身体的变化，她们越来越不自信，焦虑感逐渐堆积，情绪向负向方面发展。除此之外，新手妈妈似乎有置气的成分存在。一旦有空闲的机会，新手妈妈便会适当放松，想办法转移孩子依赖的中心位置，给自己较多自我调节时间。部分新手妈妈表示自己在逃避这一身份。多数时候自己也会想要短暂逃离这一身份，这是畏惧新身份的表现，不知道怎么去适应这一身份和应该向谁寻求帮助。

其实按道理来说，我多年从事教师事业，和小朋友相处得如鱼得水，但自己成为妈妈我就莫名其妙地很害怕，跟朋友一起吃饭、聊天，我们都是说生完孩子之后就慢慢成老花眼了，而且很容易体力跟不上，越来越不注重自己了，整天都很邋遢，这样的我，自己都会嫌弃，何况老公呢。(M-11)

我家宝宝其实很少在家，他主要是跟着爷爷奶奶生活，我跟他不知道怎么相处，一回家我带着就容易生病，反正跟着老人我也放心，也没什么压力，他抵触跟我单独待一块儿，其实我也很害怕单独和他待一起，好像没有什么做妈妈的实感。(M-5)

第二，"我不是好妈妈"是新手妈妈长期无法照顾好孩子、没有与孩子建立良好互动关系后产生的自我否定，而这种自我否定源于对自我缺乏信任。首先，新手妈妈认为自己照顾失职。婴幼儿阶段的孩子正处于长身体的关键时刻，新手妈妈会为他们的饮食、疾病、休息感到焦虑，一旦孩子在这些方面发生点滴变化，她们便会情绪焦躁，认为是自己照顾的失职。同时，由于缺乏经验，当遇到这类问题的时候，她们不能依照经验行事，会抹杀自己所有付出，贬低自己的价值。其次，新手妈妈回应孩子信息不匹配。新手妈妈们总是会不约而同地描述其家庭内经常发生的场景，纷纷表示这是现下的困惑。产假结束之后，部分妈妈会选择重返职场，育儿的重任就转交到老人手上，所以她们较少地与孩子有互动，导致孩子与其关系生疏，因此她们也无法准确掌握孩子的心理。经常性的回应错误、不断重复的过程消耗着她们对自我角色的认同。最后，新手妈妈会较为情绪化。绝大多数的成年人在控制情绪方面都优于婴幼儿，但是在育儿过程中，焦虑的情绪具有传染性。一旦婴幼儿大喊大哭，新手妈妈的情绪也不由得受到影响，自然而然会带着怒气与丈夫、老人沟通，引发一系列问题。新手爸爸在这个阶段很明显察觉到妻子脾气的变化。但是新的角色需要时间去适应,这个阶段由于调整总会出现问题,而这些问题恰巧都是新手妈妈从未遇到的。当她们尝试解决问题失败的时候,便会出现情绪波动大、自我稳定情绪困难等情况。

> 孩子以前什么都吃,最近不好好吃饭,蔬菜一点儿也不吃,还老用手抓饭吃,我害怕她这样营养不良,一直教她也改正不过来。(M-1)

> 想着工作五天,都没时间和她玩,但我真的很想配合她玩,但就是搞不懂她到底玩的是啥啊,本身我的职业导致我性格不那么细腻,最后我就在旁边划拉手机,浪费着时间。(M-13)

> 其实朋友、同事都认为我脾气挺好的,自从有了孩子之后,她一哭,我就不由得上火,我自己也很难想象我动不动就情绪失控,孩子爸爸都笑称我从"小白兔"变成"大白鲨"了。(M-4)

> 我老婆就是活生生的变形记啊,以前整天笑眯眯的,现在碰到有关孩子的事情就火力全开,我经常和她说"'小白兔'变'大白鲨'"了。(F-4)

第三,"我要做好妈妈"是在基本完成新手妈妈的任务之后,所提出的更高期待。作为母亲,传统上赋予的职责,已经无法满足当代"超级妈妈"的新要求,从基础的科学化育儿,再到注重孩子的未来发展都是不可忽视的育儿内容。一方面,新手妈妈需要遵循严苛的精细化育儿方式。所谓的"精细化"育儿,即市场上所推崇的对孩子照

顾的细致化以及对育儿环境的规范化。当孩子还处于 1 岁阶段时,各
种育儿的科普帖子上都有细致的要求,例如婴幼儿喂养的营养要求
等,科学化的规划让新手妈妈似乎找到了"救兵"。她们严格地遵循
这些要求,生怕出现些许差错。当主流媒体大肆宣传着父职角色的重
要性时,强加的父职参与是否有效就不得而知了,但在这一过程中母
亲的任务加重,不但要扮演好自己的角色,还要监督好父亲的参与。
此外,现代育儿理念强调婴幼儿的主体性,父母的权威不再是天经地
义的,号召要保护孩子的"好奇心",尊重孩子的个性发展,而这种
理念的践行又需要父母付出大量的爱,尤其是母亲,母职的密集化加
剧了母亲的压力。另一方面,新手妈妈需要做长远的未来规划。当下
新手妈妈在育儿过程中,始终坚信着一个理念,即:成功的母亲经纪
人要扮演家庭、学校与市场之间的枢纽,要肩负起公私沟通的重任。
诸如此类的问题屡见不鲜,"赢在起跑线"是多数新手妈妈的想法。
所以,当孩子与同龄人的成长、学习甚至发展存在差距,新手妈妈就
会想方设法,寻找原因弥补,早教机构就是教育的第一步。新手妈妈
通过更多地与正式机构打交道,利用自己现有的社会结构优势,为孩
子赢得起跑的先机。除了早教机构,孩子正式上学的学校、学区房相
应的问题都是新手妈妈在思考的。

> 尽管爸爸很忙,但是我们家还是每天晚上抽空让爸爸陪孩
> 子,(给孩子)讲故事。我们少休息一会儿,孩子就能够多收获
> 一些。(M-7)

> 我每天很累了,真的很想有效地陪伴孩子,但是每天非逼着
> 我固定时间陪孩子,我都是偷偷补觉。(F-7)

> 一方面,想着他们俩自由自在多好;另一方面,我家宝宝都 18

个月了，一出去跟别家的小孩对比呆呆的，不上早教班会不会一直这样啊？（M-4）

2. 夫妻亚系统

夫妻亚系统中包含新手妈妈和新手爸爸，从二人世界转变为三口之家，新手家庭成员的增加，相应地带来了夫妻之间关系的变化。首先，从新手妈妈的角度来看，有以下几点变化。第一，生活重心的改变。对于全职妈妈来说，整日围绕着孩子，生活的重心也转移到孩子身上，较少与丈夫沟通；也未察觉到自己的变化对夫妻关系的影响，双方长时间的不沟通，易造成问题的积聚。第二，与丈夫沟通不畅。对于工作中的妈妈来说，一方面自己无法全身心投入育儿，需要丈夫的参与，丈夫参与不足或无法参与，都会使新手妈妈措手不及，经常性地与丈夫发生争吵，影响着新手妈妈的角色适应，她们甚至逃避角色适应。第三，代际关系缺乏父职调解。双方父母参与育儿，种种差异导致家庭关系紧张。新手爸爸在这过程中无法很好地缓和关系，老人与妻子关系的状态也会间接地影响到夫妻关系。

自从有了宝宝，我就开始成为全职主妇，一开始就觉得育儿很费精力，我们两个人总需要一个人长时间照顾比较放心，毕竟我妈年纪都大了，他总觉得我在家里不就光看着孩子，而且还有我妈帮忙，回家就是"甩手掌柜"。（M-2）

我自己也有工作，而且目前是刚开始阶段，压力也很大，我知道他也很忙，为什么回家我就可以陪陪孩子，他就不行呢？每次做好准备跟他认真谈的时候，他的态度都让我觉得那就这样吧。（M-8）

其次，从新手爸爸的角度来看，有以下几点变化。第一，角色转变缓慢。相对于妻子来说，新手爸爸角色的转变相对缓慢，"应该做什么"和"如何去做"两个问题始终困扰着该群体。新手爸爸在缓慢地尝试过程中会出现问题，这些新手妈妈眼中"简单"的问题，都会让她们怒火中烧。这时候的沟通具有火药味，新手爸爸的参与积极性受到打击，双方关系紧张。第二，受"男主外，女主内"观念的深刻影响。新手爸爸认为自己需要承担大部分的家庭经济负担，因此会在工作上投入更多精力。他们从家庭未来发展的角度考虑，认为妻子也需要理解自己。但是多数丈夫的想法只是深藏于内心，并未与妻子进行交流与沟通，彼此都不清楚对方的目的，直观的感受是互相无法满足需求，欠缺正式沟通，导致夫妻之间心有不满。

> 其实我也一直在尝试着成为一个合格的爸爸，但就是每次都笨手笨脚、会出错，我老婆总觉得我在添乱，就比如最近为了鼓励孩子吃饭，和他一起做游戏，最后饭桌乱糟糟的，我只记得我老婆的白眼了，慢慢地我也懒得动了。（F-7）

> 家里多了一个人，我岳父岳母也过来照顾孩子，都是需要花销的啊，作为家里的男人，我得努力工作才能够（用）啊，再说家里照顾宝宝的人很多了，我顾好家里的物质基础，她应该也会明白的。（F-11）

因此，夫妻亚系统间围绕的中心是育儿。但是因为双方的沟通不及时、不真实，导致原本育儿的乐趣充斥着争吵与抱怨，部分演变成"丧偶式"育儿或者"丧偶式"婚姻。更有甚者，新手妈妈会在育儿过程中将负面情绪传染给孩子，导致孩子较同龄人缺乏安全感，也更加敏感。就像访谈对象 M-3 所叙述的状况，可能对于部分家长来说这是孩子"聪明"的表现，殊不知孩子的"智慧"是由于缺乏安全感而产生的。长时间处于尴尬紧张的环境中，婴幼儿学会了判断父母的情绪甚至行为，从而相应地选择自己恰当的行为。

> 为了我妈不两头跑，其实绝大多数时间我都和孩子住在我妈家，跟他的沟通也就微信视频。他看看孩子之后，我们俩也就没什么说的了。他也不主动说他发生的事，我也觉得自己整天待在家围绕的就是孩子，也没什么可说的，越来越陌生了。(M-2)

> 现在我发现我家宝宝很聪明，我俩有开始争吵的苗头或者都坐在房间不说话的时候，她就过来拉拉我俩的手，或者让我们抱抱她，如果这是早上我俩气氛不对的话，我俩上班走的时候她都抱着不撒手。(M-3)

3. 父母亚系统

父母亚系统指的是新手妈妈原生家庭和丈夫家庭这两部分。双方父母的一方或者两方全部进入新手家庭，组成临时主干家庭，一定意义上有助于解决新手妈妈的育儿困惑。但是不同家庭的重新组合，也会对新手妈妈的适应产生负面影响，常常演变为代际冲突。

第一，原生家庭沟通直接化。多数新手妈妈倾向于选择自己的父母帮忙，原本的亲密性加上是自己的原生家庭，父母可能会更加理解自己的处境，因此双方会在沟通上更加顺畅。但是新手妈妈普遍认为自己的父母不需要有所顾忌，所以她们在说话的语气或者行为上非常直接，也容易产生口角。第二，与丈夫家庭沟通间接化，冲突频发。相对于原生家庭的进入，丈夫家庭的育儿参与极易产生矛盾。尤其是婆媳关系，新手妈妈认为当婆婆参与育儿的时候，自己会产生自由剥夺感，更加小心谨慎，在家里说话以及做事情的时候，都会顾及婆婆的感受。但是，当自己客观地指出婆婆的育儿行为错误的时候，婆婆的回应总会让自己控制不住怒火。当本应该充当调和剂的丈夫，偏向于他的家庭的时候，新手妈妈会产生自己是外来者的想法，这都会使她们感到情绪失落。除此之外，有些新手妈妈在未进行沟通或沟通失效之后，往往会选择性地忽略老人。新手妈妈会自动断绝与他们沟通交流，矛盾日益积累，最终滚雪球似的扩大。因此家庭关系恶化，新手妈妈角色适应产生抵触情绪。祖父母在进入新手家庭之前，就持有儿媳与自己的关系不如与娘家人亲密的想法，沟通上会使用间接性方式。当自己的传统育儿经验做法与儿媳的科学育儿观念有差异，彼此之间产生矛盾时，祖父母大部分会选择控制情绪，因担心儿媳妇会心有芥蒂，会选择隐忍或者在背后抱怨。同时，这个过程中，祖父母会逃避与新手妈妈直接进行沟通，他们会与儿子进行沟通，由他代为转达自己的想法，而这个过程会考验丈夫的沟通能力，不少家庭会因此环节加重冲突。

　　相对于他父母来说，我对自己父母就是有什么说什么，有时候确实有些话比较冲、行为比较直接，就比如给孩子吃零食这样的事儿，我是坚决杜绝的，我爸妈一看孩子可怜巴巴的就心软，因为这事儿我严肃地说过几次了。(M-6)

　　那段时间我自己也有学业压力，婆婆过来能够帮我的忙，但是经常就是我俩在家照顾宝宝，有次我看见她放进嘴里感受热度的饭直接就送进宝宝嘴里了，这还是被我看见了的，我自己觉得态度比较软地跟婆婆说了这种做法的危害，但是婆婆还是跟我老公表示她很委屈。(M-7)

　　其实现在我觉得自己比较佛系了，我婆婆爱怎么干（就）怎

么干，只要不要涉及孩子的生命健康、安全，我都不介意，反正我忙着上班，我们接触机会也少。(M-3)

我和孩子妈妈沟通没什么用，也不敢跟她沟通，她脾气怪着哩，只要一沟通就会吵架，我们倒是会和自己儿子沟通，毕竟是我们的亲儿子，她脾气怪就尽量少接触。(G-3)

4. 三重角色的紧张

新增加的母职角色所相应带来的责任，与已经存在的"女性""妻性"角色赋予的任务冲突。第一，"母性"与"女性"角色的冲突。母职角色要求新手妈妈承担起作为母亲的责任，例如对婴幼儿的喂养、其行为规范的形式和教育等，这些都是她们需要考虑到的。而这个过程需要母亲付出较多时间和精力，逐渐减少与外界的交往。当下很多新手妈妈都是职场女性，她们不仅需要处理好自己的生活，工作上也必须实现自己的女性价值，否则外界会产生标签化的印象，认为"因为你成为妈妈了，所以你工作才会不认真"。撕掉固有的标签，也是新手妈妈一直努力的。这个身份也需要新手妈妈给予时间和精力的分配，只有这样，才能成为更好的自己。也有部分妈妈因为无法兼顾事业与家庭，选择回归家庭，集中精力照顾家庭。她们认为这也是自己女性价值的体现，并没有丧失自己的独立性，但也会收到"既然你是全职妈妈，那么家里的一切就必须由你全权负责"的消极父职思想的反馈。

第二，"妻性"与"母性"角色的冲突。新手妈妈本身与丈夫组成的新手家庭系统，"妻性"角色必不可少。传统的妻子角色的"三从四德"束缚已经过时，现下的妻子角色更多要求与丈夫的沟通顺畅，合力营造健康的小家氛围。但是当有新生命降临到小家庭，彼此的生活重心都会发生改变。以前自然而然地围绕彼此情绪的交流谈心，现在不由得转向需要呵护的孩子，沟通减少，不清楚对方的想法，必然会萌生很多猜疑，而且双方父母的进入，也会产生冲突，一定程度上双方都是自己父母的象征，无法处理好与对方父母的关系，夹在中间的新手爸爸妈妈也会受到影响。

因此，"母性""女性""妻性"这三个角色并不是独立的，新手妈妈不是说只要努力扮演好其中一种，就可以独善其身的，它们三者是互相纠缠、牵扯的。首先，作为新手妈妈，自身肯定是具有独立性的，这是拥有"妻性"和"母性"角色的前提；其次，保证好"女性"自身价值，"妻性"的角色才能够正常实践，夫妻的正常沟通是建立在互相尊重各自的价值的基础上的；最后，因为是女性和妻子身份，所以才能够成为妈妈，才需要履行"母职"角色。

（二） 影响新手妈妈母职角色适应的因素

通过与新手家庭的深度访谈，笔者认为影响新手妈妈的母职角色适应的因素主要包括亲子亚系统中新手妈妈的个人因素、夫妻亚系统中新手爸爸的参与度和与新手妈妈的沟通程度、父母亚系统中双方家庭因素。

1. 亲子亚系统：新手妈妈自身因素

亲子亚系统主要关注的是新手妈妈的自身因素。第一，新手妈妈母职意识的形成程度。母职意识强调的是新手妈妈是否对自己的角色有准确的认知，她们既不抵触现已存在的母职角色，又不过低自我否定或过高自我期待，能够清楚地认识母职角色的责任与义务，并且认真履职。但是，由于很多新手妈妈所承担的社会职能和家庭职能较多，容易出现角色认知不足、自我定位不明确的问题，如果新手妈妈在角色扮演伊始就能意识到这个问题，对自己的适应会有很大帮助。

我好像自己也没有想清楚要成为怎么样的妈妈，稀里糊涂或

者说是顺其自然就当妈妈了，宝宝现在也经常不在家，跟着爷爷奶奶一起住，他一回来我不知道自己到底要干什么。(M-5)

我应该属于高龄产妇了，当妈妈比较晚，所以在准备要孩子的时候做了很多准备工作，我自己也对照顾孩子充满期待，而且我比较佛系，也没有给自己定什么目标啊或者要怎么精细化呀，就是想着我做好该做的，孩子健健康康就行。(M-6)

第二，新手妈妈的个体学习因素。夫妻亚系统、父母亚系统是影响新手妈妈角色适应的外部因素，而新手妈妈个体学习因素则影响母职角色适应的速度和质量。根据家庭生命周期理论，家庭各个阶段的发展任务不同，1～3 岁婴幼儿家庭中这个阶段孩子还没有上学，新手父母的主要任务就是学习扮演父母的角色。所以说，新手妈妈要适应母职角色也需要提前做好准备，学习一定的专业知识技能，例如婴幼儿的科学喂养、亲职教育课程等，这些都对新手妈妈的角色适应起到促进作用。

在硕士毕业之后一段时间比较空闲，我自己就报名参加了育婴课程，系统地学习了一些育婴知识，以及自己经常上网看一些育儿帖子什么的，所以我家孩子的成长还是比较顺利的。(M-7)

第三，新手妈妈扮演角色的平衡度。新手妈妈在适应母职角色的同时也需要平衡好"女性"和"妻性"角色，多重角色的扮演需要时间和精力。角色扮演过多，必然顾此失彼，导致角色紧张。因此，在这个阶段，新手妈妈需要做出选择来平衡家庭生活和职场。不少新手妈妈选择成为全职妈妈以更好地照顾孩子，也有新手妈妈会将孩子的照顾全权交给上一代，减轻自己的压力，所以她们的母职角色适应相对比较顺利。但是，很多新手妈妈接受较高文化教育，她们的认知观念里女性价值和母性价值同样重要，缺一不可，导致这部分人群承担较多压力，焦虑情绪严重。

> 孩子一岁多的时候，我发现自己一直忙于工作，忙于追求自己的个人价值，对她越来越不了解，我跟她爸一商量一致认为孩子这一阶段的成长只有一次，所以我们俩必须有一个人得见证这一过程，我自己也很开心，接受成为全职妈妈，看着她一点点的变化，我们俩都觉得这一决定很正确。（M-12）

> 尽管我也属于全职妈妈，但是我目前的重心还包括自己和朋友创业的公司，一边看着孩子一边要顾着事业，真的很累，有时候想着我要没有孩子可能会更好吧，但是我毕竟上了那么多年学，也不能就一直和孩子待在家吧。（M-8）

2. 夫妻亚系统：父职角色的参与度和夫妻的沟通状况

夫妻亚系统主要是强调父职角色与新手妈妈的互动。第一，父职角色参与育儿可以分担新手妈妈的压力。父亲是儿童成长过程中的重要他人，是儿童社会化过程中的重要角色。家里有了新生命，新增加了很多开支，新手爸爸认为自己首要提供的是坚实的物质基础，所以在工作上投入更多精力，相应地，就会减少与孩子相处的时间。但部分父亲还存在"男主外，女主内"的传统思想，认为妈妈们就应该负责好家里的一切，因此他们几乎不参与育儿，育儿由新手妈妈或者家里老人全权负责。当下，很多新手妈妈是独自探索育儿，压力的集中化使她们焦躁，没有丈夫的外部支持，只能是自己内化。相反，也有部分新手妈妈认为虽然丈夫参与育儿的时间不够多，但是能看出他参与育儿的积极性和抽时间陪伴孩子，感觉到不是自己一个人的育儿任务，慢慢地也在顺利适应着母职角色。新手父亲参与育儿能够缓解母亲的部分育儿压力，也能更加理解和体谅新手妈妈的状态，减少夫妻之间的冲突，为新手妈妈母职角色适应除去障碍。

> 可能我的职业原因，我没办法长时间陪老婆和孩子，作为人民警察我得承担责任，她也应该理解。(F-4)

> 我们家爸爸其实付出挺多的，我来上海进修，为了一家人可以待在一起，爸爸就读在职研究生全身心地照顾孩子，我们家宝贝有一点变化最先发现的都是他，所以我自己很省心。(M-10)

> 其实我家宝爸工作很忙，但是他每次抽空给孩子讲故事的时候，会自己模仿各个角色说话的神态，我家孩子超级黏他，比我每天陪她那么多时间都管用。(M-14)

第二，新手爸爸与新手妈妈经常性的沟通，有助于新手妈妈体会到被重视感和可以宣泄负面情绪。当二人世界变为三口之家，家庭中出现更需要照顾的对象，新手爸爸自然而然地转移关注重心，会降低对妻子的关注度。但这个阶段的母亲情绪波动大，非常需要重要他人的关心，新手妈妈的内心需求得不到满足，夫妻之间易产生矛盾。通过与新手妈妈的交谈，笔者发现，她们有问题会倾向第一时间求助老公。如果丈夫能够耐心地倾听她们的述说，可能到最后尽管问题没有得到解决，但是新手妈妈郁积的负面情绪会得到部分释放，有利于她们恢复正常的情绪状态，避免给其他家庭成员传播负能量；然而多数新手爸爸厌烦、拒绝甚至逃避与妻子的沟通，认为妻子总是在说些琐碎小事。长此以往，夫妻之间的沟通受到影响，新手妈妈积聚焦虑情绪，她们厌烦新增加的母职角色所带来的一系列问题，角色适应的过程不顺利。

> 我承认他是超级爸爸，但不是好老公，我们之间不知道什么时候开始聊的话题只有孩子，和孩子吃醋不好，可我自己真的很想让他（对我）多些关心，多些言语肯定。（M-10）

> 我们家爸爸这点就做得很好，他很喜欢和我们家宝宝互动，只要爸爸一下班回来，就会赶紧奔向孩子，爸爸讲故事很厉害，孩子特别喜欢，超级黏爸爸，我很享受每天她爸爸回来之后的清闲生活。（M-14）

> 我理解他是因为职业的原因不能有那么多的时间陪孩子，但是我们家还是双胞胎宝宝，我跟我爸妈分别照顾一个，一直很担心只看着其中一个另一个跟我不亲怎么办，跟他谈到这个话题好几次了，他经常性地回避，我自己感觉自己是个不称职的妈妈。（M-4）

3. 父母亚系统：原生家庭助力和丈夫家庭易阻碍

父母亚系统中包括新手妈妈的原生家庭和丈夫原生家庭的影响。新手妈妈的原生家庭包括原生家庭育儿的参与和对母职角色的影响，丈夫原生家庭主要是指与祖父母代际沟通的状态。从新生妈妈原生家庭来看，主要有以下几点值得注意。第一，原生家庭参与育儿的顺利。外祖父母属于"娘家人"，关系亲密，他们照顾孩子也比较放心，同时更能理解和心疼自己，也愿意付出时间和精力去帮助育儿，因此多数新手妈妈会倾向于让自己的父母参与育儿，从源头上避免沟通出现问题。通过访谈可以发现，外祖父母参与育儿的家庭新手妈妈的母职角色适应相对较顺利，她们"母职"角色的压力得到有效释放。第二，受原生家庭母亲角色的影响。其实，很多时候新手妈妈的行为会向自己母亲靠近，当她们成为母亲的时候，会对先前习得的经验进行整理，重构母职角色的责任和义务。但是对于母亲角色缺失的新手妈妈来说，原生家庭所能给予她的母亲角色认知，实质上是不足的或者是不恰当的，这部分新手妈妈的母职角色实践没有参照对象，所以她们在适应母亲角色的时候，会表现出更多的不适和无措，对母职角色的认知是完全属于新构的过程，极易产生角色不适应感。

虽然一天到晚就是在女儿家帮忙带孩子，我们俩体力和精力上确实跟不上，但是孩子妈妈毕竟是我们自己的女儿，她忙着工作赚钱养家，我们老两口能够帮忙的地方就多帮忙。(G－6)

我爸妈来帮忙这么久，很感谢他们退休后还没有放松，忙着我的事情，其实爸妈在我家里很拘束，为了孩子他们俩就连吃什么都会问我，但他们还是努力适应着，像我妈就经常看我在家族群分享的育儿知识。(M－15)

我自己就是摸索着怎样成为母亲，在我小时候的印象里妈妈忙着上班也不怎么管我，我好像对母亲的形象比较模糊，所以成为妈妈后就很焦虑，始终搞不懂孩子到底想什么，不清楚我要怎么做。(M－5)

相较于新手妈妈原生家庭促进母职角色适应，新手妈妈与丈夫家庭的相处更容易产生问题。第一，祖父母对新手妈妈的理解程度。祖父母相对于外祖父母而言似乎不太理解新手妈妈，由于彼此思想观念、生活习惯、育儿理念等不同，一旦新手妈妈提出需要改变的时候，老人便会觉得这是对自己的不尊重，极易发生冲突。部分外祖父母认为自己是住在自己儿子家，而且是出于帮助儿子才来照顾孙辈，所以不需要受"外人"的气。第二，双方沟通方式的恰当性。也有新手妈妈认为与孩子祖父母相处时沟通方式很重要，恰当的沟通方式事半功倍。双方都要主动突破沟通防线，选择恰当的沟通方式。尤其是新手妈妈，当发生冲突的时候，自己首先要肯定父母在整个家庭的付出，感恩老人愿意放弃悠闲的退休时间，并且表现出主动沟通的姿态，直面存在的问题，消除双方的隔阂。同时，新手家庭内合理分配照料内容至关重要，要给予家庭各成员放松时间，特别是长时间待在家里照顾孩子的老人，要多出去舒缓心情。

我这么大老远的过来看孩子，就是为了自己儿子，儿媳说我们做错了，那就忍着，这么大年纪了也不好跟小辈计较，不然我儿子夹在我们中间也挺难做人的。（G-7）

我们家爷爷奶奶挺好的，过来帮了我很大的忙，的确我们在育儿理念、生活习惯以及思想观念上会存在冲突，但是我们都是很平等地沟通交流，有问题就针对问题各抒己见，不藏着掖着，最后都能很好地解决。（F-14）

从老家过来帮忙带孩子，我和老伴照顾孩子，到周末孩子爸妈也带我们出去走走，我们俩能帮他们俩就多帮忙一些，这样孩子妈妈也轻松些。（G-13）

五 结语

本研究采用深度访谈法，对 1~3 岁婴幼儿家庭中新手妈妈母职角色适应的现状做出尝试性的探究，并得出初步结论。基于此研究，我们发现，一方面，新手妈妈在母职角色适应方面普遍存在问题；另一方面，影响新手妈妈母职角色适应的因素主要是来自家庭系统间的各个子系统。首先，新手家庭迎接来新生命，新手妈妈需要改善母职焦虑，放松心情，学会正确育儿。新手妈妈需要"简政放权"，适当地放松自己，在家庭中不必要大包大揽，例如家务和孩子的喂养可以交给上一代，尽管会有不如意的地方，但是可以减轻自己的压力，情绪不会一直紧绷。同时，新手妈妈在育儿过程中要放轻松心态。过高的自我要求只会增加压力，很多时候孩子的发展是顺其自然的，揠苗助长并不可靠。这个过程也可以看作自我和解的过程，无论是对新身份的害怕、过高的自我否定以及过高的自我期待，都是新手妈妈由于母职角色所衍生的自我意象。其次，新手爸爸需要适应父职角色，加强与妻子的沟通，充当家庭关系的调和剂，这样有利于缓解新手妈妈的育儿压力。相对于其他三个系统，现阶段丈夫是陪伴妻子最长时间，且能够具有对话权利的独立个体。所以夫妻之间要互相体谅，及时沟通双方出现的问题，减少怀疑感，可以增加对新手妈妈的支持。最后，隔代参与新手家庭育儿是较为普遍的现象。多数新手爸妈工作日要上班，出于安全与经济考虑，邀请老人协助参与育儿，肯定他们的功劳，主动化解可能的矛盾和冲突，给予老人足够的尊重、理解和关爱。老人也要学会理解新手妈妈，消除传统思想中关于媳妇属于"外来人"的认知，不必过分委屈自己，这样有助于构建和谐家庭，也有利于夫妻关系的和谐，以及减少新手妈妈母职角色适应过程中的阻力。

本研究存在局限性。本研究的研究对象均属"高知"分子。相较于其他群体而言，第一，受教育水平高的新手妈妈，对自我角色认知的感知度更高。她们更加敏感于自己角色的变化，也更加关注自己身份转变后，家庭系统其他成员的行为。第二，新手妈妈对实现女性自我价值非常重视。她们强调只有保持自我独立性，才能够成为更好的母亲。第三，新手妈妈反叛于传统的母职角色期待。新手妈妈接受了许多科学的育儿知识，更高要求自己扮演的母职角色，需要契合如今的价值追求和时代趋势。第四，受教育水平高的家庭多数都是双职工。新手爸妈都要忙于自己的工作，对育儿的参与度更加追求平等性和有效性。此类家庭中老人协助育儿更加普遍，新手妈妈科学的育儿要求与老人传统的育儿经验碰撞，更加容易产生冲突。所以新手妈妈对自己母职角色适应存在的问题更加敏感，以及该群体的问题更加突出。但是这类群体在沪人口比重较高，一定程度上她们存在角色冲突，反映了新手妈妈们可能在母职角色适应过程中会遇到的问题，因此未来的研究可以扩大样本家庭的差异性和新手妈妈群体的差异性，进一步强化研究结果的代表性。

尽管存在不足，但本研究通过初步的探索，仍然展现了 1~3 岁婴幼儿家庭中新手妈妈母职角色适应的现状，可为今后的研究提供参考。通过对新手妈妈适应过程中整个家庭系统的互动，能够了解到夫妻亚系统、父母亚系统、亲子亚系统这几个系统间不同互动模式和过程以及所产生的不同效果，对家庭系统的研究起到一定的补充作用。从整个家庭系统的子系统间进行探讨，从源头上规避问题出现，可以为新手妈妈母职角色的适应提供借鉴，发挥积极因素的促进作用，创造良好的家庭氛围，实现家庭系统的良性发展。同时，该研究对家庭支持性政策和服务项目的推进具有启示意义。通过家庭支持性服务项目的开展，进一步体现社会工作者在微观家庭系统的支持性作用，切实解决新手妈妈母职角色适应的问题，使新手家庭可以享受新生命带来的美好，增强家庭福祉，也为二胎家庭提供服务型保障。

参考文献

蔡玲，2015，《新手妈妈初任母职历程研究——以个案为例的质性分析》，

《中华女子学院学报》第 3 期。

甘玉霜，2005，《屏东地区外籍母亲亲职角色知觉与亲职教育需求之相关研究》，硕士学位论文，"国立"屏东师范学院。

江曼莉，2016，《新手妈妈的母职角色发展》，硕士学位论文，华东师范大学。

金一虹、杨笛，2015，《教育"拼妈"："家长主义"的盛行与母职再造》，《南京社会科学》第 2 期。

李桂燕，2018，《父职缺席与母职焦虑——全面二孩政策下男性参与家庭照料的策略研究》，《山东女子学院学报》第 6 期。

刘晏伶、冯健，2014，《中国人口迁移特征及其影响因素——基于第六次人口普查数据》，《人文地理》第 2 期。

欧阳洁，2015，《家庭系统理论对当前亲职教育的启发与思考》，《传承》第 12 期。

桑标，1998，《父母意识·育儿焦虑·先天气质——独生子女与亲子关系研究的新热点》，《当代青年研究》第 2 期。

石海娥，2017，《"丧偶式"育儿：沉重的育儿模式》，《光彩》第 5 期。

时蓉华，1986，《婆媳关系的社会心理分析》，《老年学杂志》第 4 期。

陶艳兰，2013，《世上只有妈妈好——当代城市女性的母职认同与实践》，《妇女研究论丛》第 6 期。

陶艳兰、风笑天，2016，《多面向的母亲：流行育儿杂志与母亲角色的社会建构》，《中南民族大学学报》（人文社会科学版）第 5 期。

吴书昀，2010，《母职意识在社会政策中的应用——以台湾两个世代的女性为例》，《公共行政评论》第 5 期。

夏国美，1999，《女性、妻性、母性的角色错位和冲突——婚姻家庭中妇女地位变化与面临的挑战》，《社会科学》第 11 期。

应莹，2013，《北京地区幼儿母亲角色扮演的个案研究》，硕士学位论文，首都师范大学。

张红霞，2014，《城市"孙代照顾"与临时主干家庭生活：石家庄个案》，《重庆社会科学》第 3 期。

Lvon, Bertalanffy 1968. *General Systems Theory*. Brazille Publications.

Broderick, C. B. 1993. *Understanding Family Process*. Sage Publications.

Conway, G. 1974. *Support Systems and Community Mental Health*: *Lectures on Concept Development*. New York: Behaioral Publication.

Dew, Jeffrey Breadford Wilco. 2011. "If Momma arn't Happy: Explaining Declines Inmarital Satisfaction among New Mothers," *Journal of Marriage and Family* Vol. 73, No. 1, pp: 1 – 12.

Nichols, M. P., & Schwartz, R. 2004. *Family Therapy*: *Concepts and Methods*. Boston: Pearson/Allyn and Bacon.

都市社会工作研究 第 8 辑

第 107~137 页

© SSAP, 2020

困境儿童的问题行为与社会适应研究

——以上海市社会性困境儿童为例

龚佩花 郑会芳 董小娟[*]

摘 要 目前社会和学界关于困境儿童的关注和探讨，大多集中在宏观层面，而困境儿童个体的心理状况对其成长和发展，同样是十分重要的议题。本研究随机选取上海市 50 名困境儿童，运用问卷调查、访谈法收集资料，考察困境儿童问题行为与社会适应的现状，并探索背后的影响因素。统计分析发现，困境儿童存在内化性行为问题和社会适应问题，并受到家庭因素、个体认知能力、人格稳定性和社会支持等综合因素的影响。

关键词 困境儿童 问题行为 社会适应 社会支持

---

[*] 龚佩花，上海市儿童临时看护中心副主任，主要研究兴趣为儿童保护、儿童福利机构管理等；郑会芳，上海市儿童临时看护中心社会服务科科长，主要研究兴趣为儿童福利机构孤残儿童心理干预、儿童服务管理等；董小娟，上海市儿童临时看护中心社会工作者，主要研究方向为困境儿童保护、儿童福利机构孤残儿童心理和成长干预等。

一 相关研究回顾和研究内容

（一）关于困境儿童界定和服务的研究

弱势群体一直都是社会关注的焦点，近年来，随着我国人口流动规模的增大和城镇化进程的加快，困境儿童的数量也越来越多。"困境儿童"的概念来自西方，常与"弱势儿童"的概念同时使用，指的是 18 岁以下、在社会生活中处于困境地位的儿童，也即"由于社会、家庭及个人的原因，其基本权利难以得到切实的维护，因而其生存和发展遭遇障碍，需要借助外在力量支持和帮助的儿童"（李迎生，2006）。从内涵上看，流浪儿童、孤儿、残疾儿童等都属于困境儿童的范畴。在国内，目前学界对此尚无公认的定义，大多数学者从儿童遭遇的环境问题、自身困境出发，认为困境儿童是暂时或永久地脱离正常家庭环境的儿童，以及在生理、精神方面存在缺陷或遭遇严重问题（陈鲁南，2012）并失去生活依靠的儿童（柏文涌、黄光芬、齐芳，2013）。这些儿童的共同特征是：其父母中的一方或双方由于各种原因失去照顾能力，以致家庭中原有的抚育模式受到破坏，需要外在力量介入（行红芳，2014）。有学者测算，我国困境儿童的数量超过 100 万人（刘继同，2010）。

在困境儿童的分类上，学界通常根据儿童遭遇困境的性质和严重程度，将困境儿童分为生理性困境儿童、社会性困境儿童和多重困境儿童（尚晓援、虞婕，2014）。其中，生理性困境儿童主要指残疾儿童和大病儿童；社会性困境儿童主要指暂时或永久脱离家庭的儿童（被遗弃儿童、被拐卖儿童、孤儿、父母被剥夺监护权的儿童、流浪儿童）和困境家庭儿童（父母重度残疾或父母患重病的儿童、父母长期服刑在押或父母强制戒毒的儿童、父母一方死亡另一方因其他情况无法履行抚养义务和监护职责的儿童、贫困家庭的儿童、受到忽视和虐待的儿童）；多重困境儿童则是指既存在生理困境，又存在社会困境的儿童。

近年来，中国政府部门对于困境儿童也进行了专门的界定。2013年6月，民政部发布了《关于开展适度普惠型儿童福利制度建设试点工作的通知》，将儿童群体分为孤儿、困境儿童、困境家庭儿童、普通儿童，其中，困境儿童被分为残疾儿童、重病儿童和流浪儿童，困境家庭儿童被分为父母重度残疾或父母患重病的儿童、父母长期服刑在押或父母强制戒毒的儿童、父母一方死亡另一方因其他情况无法履行抚养义务和监护职责的儿童、贫困家庭的儿童（民政部，2013）。2016年，《国务院关于加强困境儿童保障工作的意见》明确指出困境儿童包括：因家庭贫困导致生活、就医、就学困难的儿童，因自身残疾导致康复、护理和社会融入等困难的儿童，以及因家庭监护缺失或监护不当遭受虐待、遗弃、意外伤害、不法侵害等导致人身安全受威胁或侵害的儿童（国务院，2016）。

国内除了关于困境儿童的概念和分类，还有从社会福利视角出发对于困境儿童服务的探讨，主要集中在困境儿童的社会福利政策及策略等方面。这些研究涉及了流浪儿童的救助保护，儿童收养，贫困家庭儿童、困境儿童的照顾模式、困境儿童的福利需要以及相应的干预策略（高丽茹、彭华民，2015）。近年来，越来越多的研究者基于困境儿童的脆弱性和特殊性，关注困境儿童福利供给的原则和方式（黄君、彭华民，2018）。比如，有研究者认为，困境儿童的福利供给要使儿童利益最大化（刘克稳、陈天柱，2015）；要根据不同标准对不同类型的困境儿童提供适度的福利保护（李迎生、袁小平，2014）；要注重家长监护不足或无人监护情况下困境儿童监护权的强化或转移（钟玉英、陈丽梅，2014）；困境儿童福利提供的主体、内容、提供方式，需要从一元向多元转变（行红芳，2014）；需要建立以政府承担责任为主体、以家庭照顾为基础（满小欧、王作宝，2016）、以非政府组织和专业福利机构为补充的多元福利体系（刘凤、于丹，2015），共同构建困境儿童的预防救助机制，更好地保护困境儿童。

（二）关于儿童行为问题和社会适应问题的研究

1. 儿童行为问题研究

儿童行为问题是指在严重程度和持续时间上都超出了相应年龄所允许的正常范围的异常行为（李雪荣，1987）。如不及时干预，行为问题可能会发展成为心理障碍或疾病（黄旭等，2002），致使儿童的社会能力下降（Benner，2003）、生活质量下降（Sawyer et al.，2002），严重影响儿童的身心发展。

近年来，国内研究者对儿童行为问题进行了不同规模的调查和研究。兰燕灵等（2004）在南宁市五个城区采用随机、分层、整群抽样的方法，调查了 2087 名 9～16 岁的儿童，共检出各类行为问题儿童456 名，占调查总人数的 21.8%，男女比为 1.53∶1，其中，检出的问题包括注意缺陷与多动障碍、品行问题、学习问题、焦虑、身心问题。左志宏、席居哲、桑标（2004）调查了 746 名 9～16 岁的中小学生，检出 125 人有行为问题，占 16.8%。相似的研究还有不少，基本上都发现有超过 10% 的学生有行为问题（白春玉等，2004；王秀珍等，2007）。值得一提的是，马俊国、徐富玲（2008）调查了大庆地区城区的 264 名儿童、乡村的 175 名儿童，发现共 69 人有行为问题，占 15.72%，其中，城区检出率为 18%，乡村检出率为 12%，城乡差异不显著，行为问题则包括了多动、焦虑、攻击性、抑郁、退缩、不成熟。

有关儿童行为问题的影响因素，现有研究涉及了个体因素、家庭因素和社会支持等。个体层面主要体现在人格特征中的稳定性（N）维度上。研究者发现，行为问题儿童与正常儿童的稳定性存在差异，即行为问题儿童的情绪稳定性更差（白春玉等，2004；王秀珍等，

2007）。另外，与正常儿童相比，行为问题儿童的内外向得分（E）更低，即更内向（王秀珍等，2007），其掩饰性得分（L）也更低，即更不成熟（白春玉等，2004）。在智力特征上，行为问题儿童的韦氏智力量表各分测验量表得分和智商得分都低于正常儿童（李成福，2002）。文献表明，儿童行为问题的发生率也存在性别差异，表现为男孩行为问题发生率高于女孩（白春玉等，2004；兰燕灵等，2004）。此外，直接针对困境儿童的研究发现，困境儿童的心理弹性和疏离感在家庭功能与情绪－行为问题之间起着多重作用（石怡，2017）。

在家庭因素层面，行为问题儿童与正常儿童的差异体现在教养方式以及与家庭环境相关的诸多因素上。实验研究发现，健康组父母的教养方式是严慈相济、分明适度的，而问题组父母的教养方式或是过于干涉保护，或是集温暖、冷漠、严厉于一处，边界不清晰；在内部结构模式和功能上，健康组的父亲、母亲的教养方式之间相互制衡，而问题组则缺乏这种制衡。此外，父母文化程度低、父母不和睦、父母教育子女态度不一致、单亲家庭、对子女期望过高等（马俊国、徐富玲，2008），都是影响儿童行为问题的因素。

社会支持是另一个可能的影响因素。虽然学界对社会支持有不同的定义，但大体上都认可它是外源性的，对客观性还是主观性则各有侧重。一项针对农村缺损型家庭学龄儿童开展的研究认为，不同主体、不同类型的社会支持都会对儿童的行为产生影响，该研究中定义的社会支持主体包括父亲、母亲、老师、同学以及监护人（刘金华、吴茜，2018）。另一项针对流浪儿童的研究指出，社会支持和核心自我评价均是青少年社会适应与发展的重要保护性因素，并且，两者都中介了感恩对问题行为的影响（吕催芳、周永红，2019）。

2. 儿童社会适应问题

有研究者认为，社会适应指的是个体在与环境相互作用的过程中达到人们期望的、与其年龄和所处文化群体相适应的发展标准的程度

（王建平、李董平、张卫，2010）。社会适应是一个多维度的概念，现有研究对社会适应的测量主要涉及行为、情绪和社会关系等方面（纪林芹等，2011）。

目前尚无直接关注困境儿童社会适应的研究，但从为数不多的留守儿童、流动儿童等的社会适应维度的研究中可以发现，这些探讨包括了自尊、生活满意度、孤独、抑郁、社交焦虑、问题行为等方面。范兴华等（2009）对北京郊区 2134 名农村籍儿童进行了调查，考察了留守与流动对农村儿童社会适应的影响情况，发现一般儿童、流动儿童和双留守儿童在总的社会适应方面，呈现"最好"、"其次"和"最差"的梯次性分布。国内许多研究都表明了留守儿童的社会适应显著差于非留守儿童（郝振、崔丽娟，2007），比如其生活满意度和积极情感显著低于非留守儿童，而其消极情感、焦虑水平、问题行为检出率则显著高于非留守儿童（喻永婷 、张富昌，2010）。

有关社会适应的影响因素，也可以分为个体因素、家庭因素和社会支持三个方面。大多数研究关注了家庭层面的影响，发现学龄前教养方式、家庭内父母关系、居住地区的社会氛围、母亲年龄和身体健康状况（赵小菲等，2002），以及父母的养育技能和方式、母亲的工作状况和父母的文化程度（洪琦、卓秀惠、陈文采，2009），家庭的社会经济地位（苏志强、张大均、邵景进，2015），都影响着儿童的社会适应。从个体层面来看，自尊和心理控制源这两个积极心理品质也与儿童的社会适应相关，体现在自尊越高、内控归因越强，儿童的社会适应越好（郝振、崔丽娟，2007）。另外，一项针对留守儿童、流动儿童展开的研究也指出，社会支持会显著影响儿童的自尊和自我意识（马向真等，2015）。

（三）问题提出和研究的主要内容

笔者通过文献回顾发现，国内对儿童的问题行为和社会适应进行了相关研究且取得了较多研究成果，但少有研究是直接针对困境儿童的，学界还没有开始将焦点放在这些儿童作为个体的心理状况和成长发展上。因此，本文拟直接选取社会性困境儿童作为研究对象，希望比较深入地考察这些儿童的问题行为和社会适应。

另外，在诸多因素中，弄明白究竟哪些因素影响着困境儿童的问题行为和社会适应、各个因素具体起着什么样的作用，对十及早和有针对性地对困境儿童进行帮助和干预，预防这些儿童在将来出现更严重的偏差行为（如犯罪、吸毒等）和社会适应问题，有着重要意义。基于此，本文将聚焦以下三个方面的研究内容：困境儿童问题行为和社会适应的现状调查、个体自身因素对困境儿童问题行为和社会适应的影响，以及家庭因素、社会支持对困境儿童问题行为和社会适应的影响。

二　具体研究过程

（一）困境儿童问题行为和社会适应状况的研究

本文基于抽样调查，考察上海市目前困境儿童问题行为的检出率、困境儿童社会适应的各方面现状。本文探讨的社会适应侧重于心理层面。

1. 研究对象

2019 年 7 月至 9 月，课题组从上海市所有区县中随机抽取 5 个区，对这 5 个区内年龄在 6～17 岁的自愿参与本项研究的困境儿童及其主要照顾者进行访谈和问卷调查。共调查 57 户家庭，回收有效问卷 50 份，有效回收率为 87.72%，基本情况如表 1 所示。

表 1 困境儿童基本资料描述性统计（*N*=50）

		人数（人）	百分比（%）
性别	男	20	40.0
	女	30	60.0
年龄	6~11 岁	11	22.0
	12~14 岁	22	44.0
	15~17 岁	17	34.0
来源区县	金山区	7	14.0
	闵行区	7	14.0
	青浦区	14	28.0
	松江区	14	28.0
	杨浦区	8	16.0
困境类型（父母情况）	均失联	5	9.8
	失联，服刑	7	13.7
	失联，重残	13	25.5
	失联，死亡	15	29.4
	服刑，重残	1	2.0
	服刑，死亡	1	2.0
	均重残或重病	5	9.8
	均死亡	3	5.9
家庭经济状况	2500~4000 元	7	13.7
	4000~5500 元	13	25.5
	5500~7000 元	13	25.5
	7000~8500 元	8	15.7
	8500~10000 元	8	15.7
	10000 元及以上	1	2.0

注：（1）调查对象的平均年龄为（13.60±2.27）岁。

（2）困境类型中，"失联"指失联或离开，"服刑"指服刑或戒毒，"重残"包括聋哑、视盲、精神和身体残疾。

（3）家庭经济状况是指按三口之家计算的家庭月收入，已包含各项补贴。所有对象家庭月收入的平均值是（6250.00±2032.89）元。

2. 资料收集和统计分析

研究期间课题组成员到区救助站、村/居委会或困境儿童家中，对儿童及其主要照顾者进行访谈，指导其在问卷星上填答问卷，问卷分为三种类型。

（1）问题行为调查问卷

Achenbach 的儿童行为量表（CBCL）（戴晓阳，2015），用于测量儿童的社交能力和行为问题，由儿童的照顾者填写，本研究主要关注行为问题部分。采用三级评分，用 0 分、1 分和 2 分别表示"无""偶尔有"和"明显或经常出现"此项表现。各条目得分相加，即为行为问题总分。所有条目可归纳为 9 个因子，把每一个因子所包含的条目得分相加，即可得因子分。9 个因子包括退缩、躯体主诉、焦虑/抑郁、社交问题、思维问题、注意问题、违纪行为、攻击性行为、性问题，其中，退缩、躯体主诉、焦虑/抑郁组成内化性行为问题，违纪行为、攻击性行为组成外化性行为问题。根据常模（苏林雁等，1996），按照儿童年龄和性别，可查得划界分，总分超过上限则判定为存在行为问题，或超过因子分上限则判定为存在行为问题，分数越高代表行为问题越严重。本量表为同类量表中应用最广泛的，信、效度俱佳。

（2）社会适应调查问卷

本研究分别从自尊、主观幸福感、孤独感、抑郁、心理应激 5 个方面，考察困境儿童社会适应情况，均由儿童本人回答。其中，①自尊：采用 Rosenberg 自尊量表（SES）（戴晓阳，2015），采用四级评分，用 1 分、2 分、3 分和 4 分分别表示"很不符合"、"不符合"、"符合"和"非常符合"，总分越高表明自尊水平越高。②主观幸福感：采用 Sonja 主观幸福感量表（SHS）（Sonja & Lepper，1999），采用七级评分，1 分表示"完全不"，7 分表示"完全是"，总分越高表明主观幸福感越强。③孤独感：采用儿童孤独感量表（CLS）（汪向东、王希林、马弘，1999），采用四级评分，1 分表示"一直如此"，4 分表示"绝非如此"，总分越高表明孤独感越强。④抑郁：使用 Radloff 编制的流调用抑郁自评量表（CES - D）（戴晓阳，2015），每个条目有 4 个频度，0 分、1 分、2 分和 3 分分别表示"没有或几乎没有"、"少有"、"常有"和"几乎一直有"，总分越高表明抑郁程度越严重。总分≤15 分为无抑郁症状，总分在 16 ~ 19 分为可能有抑郁症状，总分≥20 分为肯定有抑郁症状。⑤心理应激：采用青少年生活事件量表（ASLEC）（汪向东、王希林、马弘，1999），每个条目有 5 个评分，0 分、1 分、2 分、3 分和 4 分分别表示"未发生或发生过但无影响"、"轻度影响"、"中度影响"、"重度影响"和"极重度影响"，总分越高表明心理应激程度越高。

（3）一般情况调查表

课题组自行设计，内容包括困境儿童的性别、年龄、来源地、困境类型（父母情况）、家庭经济状况、主要照顾者、儿童是否为独生子女、儿童在家中排行，以及儿童父母及其主要照顾者的文化程度、职业、关系等人口统计学资料。

课题组对所有问卷收回后统一进行编码，根据各量表计分方式，对问题行为和心理社会适应的各方面进行描述性统计。根据常模，统计困境儿童问题行为的检出人数和检出率，以及心理社会适应中抑郁症状的检出人数和检出率。

（二）个体因素对困境儿童问题行为和社会适应的影响

在上述调查研究基础上，本课题进一步考察困境儿童自身的个体因素对其问题行为和社会适应所产生的影响。

1. 指标和主成分设定

为得到困境儿童社会适应的综合指标，本课题先对上述研究中社会适应的 5 项指标进行因子分析，从中提取适当的主成分，以替代原指标进行后续分析。经 Bartlett 球形检验，KMO 系数为 0.803（*p* < 0.001），适合做因子分析。主成分分析显示，按照特征根大于 1 的标准，提取到一个主成分，其特征根值为 3.226，解释了总变异的64.53%。考虑到该主成分的解释力度不够充分，因而，将进一步通过指定因子个数并作正交旋转，以得到更大的解释力度。

将因子数指定为两个，进行最大方差法旋转，得到第一主成分特征根值为 2.468，方差贡献率为 49.36%，第二主成分特征根值为1.484，方差贡献率为 29.68%，两个主成分的累积方差贡献率达到了79.04%，能较好地反映原指标的信息。根据因子载荷矩阵，第一主成分包括 3 个指标，分别为自尊、主观幸福感、孤独感，第二主成分包括 2 个指标，分别为抑郁、心理应激。结合量表内容，本文将提取到的两个主成分分别命名为"积极心理适应"和"消极心理应激"以待进一步分析。由此，本研究将针对上述困境儿童及其自身个体因素，探究其对问题行为、积极心理适应、消极心理应激所产生的影响。

2. 资料收集方法

研究考察 3 个方面的个体因素，均由儿童本人回答，其中，①人格稳定性：采用艾森克人格问卷儿童修订版（EPQ）（张作记，2005），该问卷包括精神质（P）、内外向（E）、神经症或稳定性（N）、掩饰性（L）4 个分量表。本研究只关注人格稳定性即神经症或稳定性（N）分量表，每道题回答是、否或分别记 1 分和 0 分。将所有条目得分相加，总分越高表明情绪越不稳定。量表内部一致性系数为 0.68～0.81，各分量表间隔 1 个月重测，其相关系数达到0.83～0.90。②认知能力：采用中国韦氏量表的词语分量表。二级评分，答对为 1 分，答错为 0 分，总分越高表明认知能力越强。本部分由访员询问，调查对象回答。③心理韧性：采用青少年心理韧性量表（胡月琴、甘怡群，2008），包括 5 个维度，分别为目标专注、情绪控制、积极认知、家庭支持、人际协助。受测者评价 27 个陈述与自身的符合程度，采用五级评分，"完全不符合"、"不符合"、"说不清"、"比较符合"和"完全符合"分别计 1 分、2 分、3 分、4 分和 5 分。总分越高表明心理韧性越强。量表信度为 0.829。

3．统计分析

对采集的数据进行整理、赋值及描述性统计，结果如表 2 所示。在此基础上，通过建立二分类 Logistic 回归模型，考察与困境儿童问题行为有关的个人因素。通过建立最小二乘法回归模型（OLS 模型），考察各因素分别对困境儿童积极心理适应、消极心理应激的影响。其中，第一步的回归方程包括性别、年龄等人口学变量，以此作为基准模型；第二步在基准模型的基础上，加入人格稳定性、认知能力、心理韧性等变量。模型的检验标准均为 $\alpha = 0.05$。

表 2　变量赋值及描述性统计（$N = 50$）

	变量	变量类型	变量说明	均值	标准差	最小值	最大值
人口统计学	性别	二分变量	1 = 女性 0 = 男性	0.600	4.495		
	年龄	连续变量	直接问卷得到	13.600	2.268	9	17
个体因素	人格稳定性	连续变量	数值越大，情绪越不稳定	8.040	5.527	0	23
	认知能力	连续变量	数值越大，认知能力越强	21.280	3.753	0	26
	心理韧性	定序变量	数值越大，心理韧性越强	98.080	13.393	27	135

（三）家庭因素、社会支持对困境儿童问题行为和社会适应的影响

基于上述两个重要的研究内容，本研究进一步考察困境儿童的家庭因素、社会支持对其问题行为和社会适应产生的影响。社会适应也从积极心理适应和消极心理应激两个维度分别考察。

1. 家庭因素的影响

（1）成长环境

课题组自行设计问卷，由主要照顾者回答，包括两个方面，分别为主要照顾者给予儿童的实际成长环境（包括家庭经济状况、主要照顾者的文化程度）和除主要照顾者之外儿童与其父母的共同经历对其产生的影响（儿童与其父母有无共同经历、共同经历的好坏）。

（2）教养方式

课题组使用 Perris 等人编制的父母教养方式评价量表（EMBU）（汪向东、王希林、马宏，1999），由儿童本人回答。其中，属于父亲的有 6 个因子：情感温暖与理解、惩罚与严厉、过分干涉、偏爱、拒绝与否认、过度保护；属于母亲的有 5 个因子：情感温暖与理解、过分干涉与过度保护、拒绝与否认、惩罚与严厉、偏爱。采用四级评分，用 1 分、2 分、3 分和 4 分分别表示"从不"、"有时"、"经常"和"总是"。各分量表所含条目得分之和即为各分量表的得分。

2. 社会支持的影响

采用肖水源等编制的社会支持评定量表（SSRS）（戴晓阳，2015），分为主观支持、客观支持、对支持的利用度 3 个维度。主观支持维度反映被测者主观感受到自己被尊重、支持、理解的情感体验和满意程度；客观支持反映被测者认为自己实际得到的支持，包括直接援助和社会关系；对支持的利用度反映被测者对社会支持的利用程度。每个维度下的条目得分之和即为该维度得分，10 个条目得分之和即为社会支持的总体得分。得分越高表明所获支持或利用度越高。本研究基于儿童特点，将原量表中的"单位"改为"学校"，将"同事"改为"同学"（宋潮、麻超、张怡萱，2016）。该量表的内部一致性系数为 0.756。

三 研究结果

(一) 困境儿童存在的问题行为和社会适应问题

1. 困境儿童问题行为的描述性统计及检出情况

困境儿童问题行为的各因子分及总分的描述性统计结果如表 3 所示。调查对象问题行为的总分为 (13.68 ± 12.47) 分。

问题行为的检出情况如表 4 所示。困境儿童问题行为检出人数为 12 人，总体阳性检出率为 24.00%。其中，男生呈问题行为阳性的有 5 人，检出率为 25.00%；女生呈问题行为阳性的有 7 人，检出率为 23.33%；男女检出率无显著性差异 ($\chi^2 = 0.018$, $p = 0.892 > 0.05$)。在男生中，因子阳性检出率居前两位的依次是社交问题、退缩，焦虑/抑郁和注意问题并列第三；在女生中，因子阳性检出率最高的是社交问题，退缩、焦虑/抑郁、违纪行为并列第二。在所有被检出的因子中，4 个因子 (社交问题、退缩、焦虑/抑郁、注意问题) 属于内化性行为问题，1 个因子 (违纪行为) 属于外化性行为问题。

在年龄方面，根据所参考的常模，将困境儿童分为 6 ~ 11 岁、12 ~ 17 岁两组进行考察。结果显示，6 ~ 11 岁儿童呈问题行为阳性的有 4 人，检出率为 36.36%；12 ~ 17 岁儿童呈问题行为阳性的有 8 人，检出率为 20.51%；在年龄上，儿童的检出率无显著性差异 ($\chi^2 = 1.182$, $p = 0.277 > 0.05$)。

表 3 困境儿童问题行为的各因子得分及总分 ($N = 50$)

	得分最小值	得分最大值	平均值
退缩	0	11	2.32
躯体主诉	0	5	0.96
焦虑/抑郁	0	13	2.00

续表

	得分最小值	得分最大值	平均值
社交问题	0	15	3.34
思维问题	0	1	0.12
注意问题	0	1	1.88
违纪行为	0	5	0.84
攻击性行为	0	11	1.82
性问题	0	2	0.18
内化性行为	0	22	5.04
外化性行为	0	15	2.66

表4　不同性别困境儿童问题行为的各因子检出情况

	男生（N = 20）		女生（N = 30）
	检出人数	检出率（%）	检出人数
退缩	2	10.0	1
躯体主诉	0	0.0	0
焦虑/抑郁	1	5.0	1
社交问题	4	20.0	6
思维问题	0	0.0	0
注意问题	1	5.0	0
违纪行为	0	0.0	1
攻击性行为	0	0.0	0
性问题	0	0.0	0

注：表中的检出人数是各个因子检出人数，一名困境儿童检出的问题行为可能是多种的，"困境儿童问题行为检出人数12人"系指有12名儿童存在问题行为，部分儿童存在多种问题行为。

2. 困境儿童社会适应情况

困境儿童在自尊、主观幸福感、孤独感、焦虑/抑郁、心理应激的得分如表5所示。男女生在各维度上的得分均无显著性差异。调查对象的自尊得分高于量表中值（$t = 7.093$，$p < 0.001$），主观幸福感得

分高于量表中值（$t = 5.589$，$p < 0.001$），孤独感得分低于量表中值（$t = -9.651$，$p < 0.001$）。调查对象中，可能有抑郁症状的儿童有 5 人，占 10%，肯定有抑郁症状的儿童为 14 人，占 28%。调查对象的心理应激得分为（13.78 ± 13.69）分，个体差异较大。

表 5　困境儿童社会适应的各维度得分（$N = 50$）

	量表分数/范围	量表中值	儿童得分极小值	儿童得分极大值	均值	标准差
自尊	10～40 分	25	13	40	30.06	5.04
主观幸福感	4～28 分	16	4	28	20.26	5.39
孤独感	16～80 分	48	17	70	31.26	12.27
焦虑/抑郁	0～60 分		0	35	13.12	8.86
心理应激	0～108 分		1	77	13.78	13.69

（二）个体因素对困境儿童问题行为和社会适应的影响

1. 个体因素对困境儿童问题行为的影响

对问题行为总得分与人格稳定性、认知能力、心理韧性等变量进行相关分析，结果显示，问题行为总得分与心理韧性呈边缘显著的负相关（$r = -0.263$，$p = 0.065 < 0.1$），而与人格稳定性、认知能力的相关均不显著。

以是否被检出问题行为作为因变量（0 = 未检出，1 = 检出），采用进入法，将上述相关分析中 $p < 0.1$ 的变量作为自变量纳入模型，对困境儿童问题行为检出情况进行二分类 Logistic 回归，结果显示，模型不显著，表明个体因素与困境儿童问题行为之间的关系无统计学意义。

2. 个体因素对困境儿童积极心理适应的影响

建立基准模型 1 后，以逐步法加入人格稳定性、认知能力、心理韧性变量。结果显示，模型 2 在加入了人格稳定性、认知能力，排除了心理韧性后具有统计学意义（见表6）。这表明困境儿童的情绪越稳定，其积极心理适应越好；认知能力越强，其积极心理适应越好。人格稳定性对积极心理适应的影响大于其对认知能力的影响。

表6 个体因素对困境儿童积极心理适应的影响的 LOS 回归模型（$N=50$）

变量	模型 1	模型 2
人口统计学		
性别	-0.111（-0.055）	0.055（0.027）
年龄	-0.050（-0.114）	-0.099（-0.225）
个体因素		
人格稳定性		-0.085（-0.444）***
认知能力		0.080（0.300）*
常数项	0.753	0.296
R^2	0.014	0.324
调整后的 R^2	-0.028	0.264
回归自由度	2	4
F 值	0.335	5.389***

* $p<0.05$，** $p<0.01$，* $p<0.001$。
注：括号内为标准回归系数。

3. 个体因素对困境儿童消极心理应激的影响

建立基准模型1后，以逐步法加入人格稳定性、认知能力、心理韧性变量。结果显示，模型2在加入了人格稳定性、认知能力，排除了心理韧性后有统计学意义（见表7）。模型2表明，困境儿童的年龄越大，其消极心理应激越少；情绪越不稳定，其消极心理应激越多；认知能力越强，其消极心理应激越多。相比之下，人格稳定性对消极心理应激的影响最大。

表 7　个体因素对困境儿童消极心理应激的影响的

OLS 回归模型（*N* = 50）

变量	模型 1	模型 2
人口统计学		
性别	− 0.039（− 0.019）	− 0.233（− 0.115）
年龄	− 0.121（− 0.274）	− 0.201（− 0.455）***
个体因素		
人格稳定性		0.127（0.667）***
认知能力		0.075（0.280）*
常数项	1.667	0.261
R^2	0.074	0.499
调整后的 R^2	0.034	0.454
回归自由度	2	4
F 值	1.870	11.187***

* $p < 0.05$，** $p < 0.01$，* $p < 0.001$。

注：括号内为标准回归系数。

（三）家庭因素、社会支持对困境儿童问题行为和社会适应的影响

研究中困境儿童主要照顾者的频数分布情况和对数据进行整理、赋值及描述性统计后的结果分别见表 8 和表 9。在此基础上，通过建立二分类 Logistic 回归模型，采用逐步向前法纳入自变量，考察各家庭因素、社会支持对困境儿童问题行为的影响。通过建立最小二乘法回归模型（OLS 模型），考察各家庭因素、社会支持分别对困境儿童积极心理适应、消极心理应激所产生的影响。其中，第一步的回归方程包括性别、年龄等人口学变量，以此作为基准模型；第二步在基准模型的基础上，以逐步法加入成长环境的变量，包括家庭经济状况、主要照顾者的文化程度（是否有一方上过高中）、儿童与父母有无共

同经历、共同经历对儿童的影响；第三步加入教养方式的变量，包括教养方式各因子；第四步加入社会支持的变量，包括主观社会支持、客观社会支持、对社会支持的利用度、社会支持总体情况。模型的检验标准均为 $\alpha = 0.05$。

表 8   困境儿童主要照顾者的频数分布情况（$N=50$）

变量		人数	百分比（%）
主要照顾者	父母双方	6	12
	父母一方	2	4
	父母一方和祖辈	4	8
	祖辈双方	32	64
	祖辈一方	1	2
	养父母双方	2	4
	其他家人	3	6

表 9   变量赋值及描述性统计（$N=50$）

变量		变量类型	变量说明	均值	标准差	最小值	最大值
人口统计学	性别	二分变量	1 = 女性 0 = 男性	0.600	0.495	0	1
	年龄	连续变量	直接问卷得到	13.600	2.268	6	17
成长环境	家庭经济状况	定序变量	数值越大收入越高	3.000	1.355	1	6
	主要照顾者的文化程度	二分变量	1 = 有一方上过高中 0 = 均上过高中	0.260	0.443	0	1
	与父母有无共同经历	二分变量	1 = 有 0 = 无	0.720	0.454	0	1
	共同经历影响好	二分变量	1 = 好 0 = 非常好	0.380	0.490	0	1

续表

变量		变量类型	变量说明	均值	标准差	最小值	最大值
成长环境	共同经历影响差	二分变量	1 = 差 0 = 非常差	0.220	0.418	0	1
教养方式	父 1. 情感温暖与理解	定序变量	数值越大，程度越高	52.840	12.001	19	72
	父 2. 惩罚与严厉	定序变量	数值越大，程度越高	17.380	5.054	12	48
	父 3. 过分干涉	定序变量	数值越大，程度越高	19.540	4.190	10	40
	父 4. 偏爱	定序变量	数值越大，程度越高	11.540	3.754	5	20
	父 5. 拒绝与否认	定序变量	数值越大，程度越高	9.440	3.183	6	24
	父 6. 过度保护	定序定量	数值越大，程度越高	12.520	3.183	6	24
	母 1. 情感温暖与理解	定序变量	数值越大，程度越高	55.260	11.073	19	76
	母 2. 过分干涉与过度保护	定序变量	数值越大，程度越高	32.720	7.941	16	64
	母 3. 拒绝与否认	定序变量	数值越大，程度越高	12.780	4.210	8	24
	母 4. 惩罚与严厉	定序变量	数值越大，程度越高	12.480	4.586	9	36
	母 5. 偏爱	定序变量	数值越大，程度越高	11.880	3.509	5	20
社会支持	主观支持	定序变量	数值越大，支持越多	25.000	4.734	4	32
	客观支持	定序变量	数值越大，支持越多	9.760	4.336	1	22
	对支持的利用度	定序变量	数值越大，利用度越高	7.720	1.906	4	12
	社会支持总体情况	定序变量	数值越大，支持越多	42.480	9.092	12	66

1. 家庭因素、社会支持对困境儿童问题行为的影响

对问题行为总得分与成长环境、教养方式、社会支持中的各变量进行相关分析，结果显示，问题行为总得分与教养方式中的"父4. 偏爱"呈边缘显著的负相关（$r = -0.259$，$p = 0.069 < 0.1$），与"母2. 过分干涉与过度保护"呈边缘显著的正相关（$r = 0.250$，$p = 0.080 < 0.1$），而与其他变量的相关均不显著。

以是否被检出问题行为作为因变量（0 = 未检出，1 = 检出），采用逐步法，将上述相关分析中 $p < 0.1$ 的变量作为自变量纳入模型，也将成长环境变量纳入模型，对困境儿童问题行为检出情况进行二分类 Logistic 回归。模型纳入的变量为"共同经历好"和"母2. 过分干涉与过度保护"，模型结果如表 10 所示，即和亲生父母的共同经历好与困境儿童问题行为的发生呈负相关，而女性照顾者的过分干涉与过度保护与困境儿童问题行为的发生呈正相关。模型的预测准确率为 84%，Hosmer-Lemeshow 检验的卡方值为 16.01（$df. = 8$，$p = 0.042$），拟合优度欠佳。

表 10　困境儿童问题行为影响因素的二分类 Logisitc 回归分析（$N = 50$）

变量	B 值	标准误	Wald 值	p 值	OR 值 （OR 值 95% CI）
共同经历好	-2.421	1.134	4.556	0.033	0.089 （0.010 ~ 0.821）
母2. 过分干涉与 过度保护	0.095	0.048	3.865	0.049	1.100 （1.000 ~ 1.209）

2. 家庭因素、社会支持对困境儿童积极心理适应的影响

建立模型 1 后，以逐步法加入成长环境变量，结果得到如表 11 所示的情况。模型 2 纳入了共同经历影响差、与父母有无共同经历，未纳入家庭经济状况、主要照顾者的文化程度，模型 2 有统计学意义。在模型 2 的基础上加入教养方式变量，得到模型 3。模型 3 仅纳入了教养方式中的因子"母1.情感温暖与理解",其他因子均被排除,模型3显著。最后,加入社会支持变量,得到模型4。模型4纳入了社会支持总体情况后,教养方式的"母1.情感温暖与理解"不再显著,模型4有统计学意义。相比于模型3,模型4增加了解释力,调整后的 R^2 达到了 0.447。模型4表明,困境儿童的社会支持总体情况越好,其积极心理适应就越好。

表 11 家庭因素、社会支持因素对困境儿童积极心理适应的
影响的 OLS 回归模型（$N = 50$）

变量	模型 1	模型 2	模型 3	模型 4
人口统计学				
性别	− 0.111 (− 0.055)	− 0.154 (− 0.076)	− 0.267 (− 0.132)	− 0.336 (− 0.166)
年龄	− 0.050 (− 0.114)	− 0.029 (− 0.067)	− 0.034 (− 0.076)	− 0.048 (− 0.109)
成长环境				
共同经历影响差		− 0.827 (− 0.346)*	− 0.431 (− 0.180)	− 0.449 (− 0.188)
与父母有无共同经历		− 0.653 (− 0.296)*	− 0.407 (− 0.184)	− 0.508 (− 0.230)
母1.情感温暖与理解			0.042 (0.463)***	0.017 (0.184)
社会支持				
社会支持总体情况				0.042 (0.377)**
常数项	0.753	1.146	− 1.307	− 1.364
R^2	0.014	0.286	0.445	0.515
调整后的 R^2	− 0.028	0.223	0.382	0.447
回归自由度	2	4	5	6
F 值	0.335	4.512**	7.054***	7.614***

* $P < 0.05$,** $P < 0.01$,*** $P < 0.001$。

注:括号内标准回归系数。

3. 家庭因素、社会支持对困境儿童消极心理应激的影响

建立模型 1 后，以逐步法加入成长环境变量。加入教养方式变量，得到模型 2（见表 12），教养方式变量仅纳入了教养方式中的因子"父 5. 拒绝与否认"，其他变量均被排除，模型 2 显著。然后加入社会支持变量，发现所有社会支持变量均被排除。这些结果表明，男性照顾者的教养方式越倾向于拒绝和否认，儿童越容易出现消极心理应激。模型 2 调整后的 R^2 为 0.177，解释力欠佳。

表 12　家庭因素、社会支持对困境儿童消极心理应激的影响的 OLS 回归模型（$N = 50$）

变量	模型 1	模型 2
人口统计学		
性别	−0.039（−0.019）	−0.070（0.035）
年龄	−0.121（−0.274）	−0.073（−0.165）
教养方式		
父 5. 拒绝与否认		0.107（0.340）*
常数项	1.667	−0.063
R^2	0.074	0.177
调整后的 R^2	0.034	0.123
回归自由度	2	3
F 值	1.870	3.290*

* $p < 0.05$，** $p < 0.01$，* $p < 0.001$。
注：括号内为标准回归系数。

四　研究结论和讨论

在本研究所分析的 50 位困境儿童中，共计有 12 人达到了问题行为检出标准，检出率达 24%（其中男生为 25.0%，女生为 23.3%，男女检出率无显著差异）。对比忻仁娥、唐慧琴、张志雄（1992）用

CBCL 量表对全国 24013 名 4～16 岁儿童青少年评定问题行为所报告的检出率（12.97±2.19)%，本研究所得结果明显更高。同时，本研究所检出的问题行为中，社交问题突出（共 10 人），其次为退缩与焦虑/抑郁，整体而言，这些都属于内化性问题行为。这意味着，困境儿童若出现行为问题，也主要体现为那些由自己承受的负面情绪，如焦虑/抑郁、退缩、孤僻，而非攻击、反抗、违纪越轨等会影响或侵犯到他人的行为。

另外，笔者在调研过程中普遍发现，困境儿童主要由隔代的祖辈老人抚养（见表 8），而他们在填答问题行为量表时，只能对儿童外显的行为做出判断，对儿童的内心世界却所知甚少。这体现了代际差异下照顾者和儿童之间的隔膜：照顾者通常只养不育，或是有教育但不交心。因而，问卷中与内化性问题行为相关的问题可能会由于填答者的不知情而被认为是没有问题，这或许会令本研究低估困境儿童内化性问题行为的严重程度。

不同于由照顾者填答的问题行为量表，关于社会适应的量表均是由儿童自己填答的。结果显示，可能有抑郁症状的儿童有 5 人，肯定有抑郁症状的儿童有 14 人，共占 38%。加上前文提及的困境儿童问题行为检出率高且多为内化性问题行为，这再一次表明困境儿童面临着不容忽视的心理困境。

此外，本文还有两方面的重要研究发现或结论。

1. 困境儿童问题行为的检出与否受一些因素的影响

第一，人格稳定性、认知能力与心理韧性等个体因素与问题行为之间的关系没有统计学意义。这可能反映的是现实情况，但也可能受制于本研究中样本量较小、样本中个体差异较大等因素。

第二，困境儿童的问题行为与家庭因素有关（见表 10）。就成长环境而言，若困境儿童与父母有过的共同经历是好的（比如好的亲子关系或家庭氛围、好的父母榜样），那么其问题行为就少。换言之，与父母有过良好的共同生活经历，成了保护性因素，令这些困境儿童不容易产生问题行为。同时，在教养方式中，女性照顾者的过分干涉与过度保护，则会增加问题行为发生的可能性。需要指出的是，本研究模型的拟合优度不高，即研究所得的模型只能证明上述因素与问题行为的发生是有影响的（这足够作为帮助困境儿童的指导思路），但仅仅基于这些因素的存在而对困境儿童是否会发生问题行为并不能做出非常准确的预测。在未来的研究中，若增大样本量、统一填答者的标准，则可以使模型的预测力得到提高。

2. 困境儿童社会适应问题

研究中所区分出的两个主成分（积极心理适应、消极心理应激），都会同时受到个人因素、家庭因素与社会支持的显著影响。就个人因素而言，除了心理韧性，认知能力与人格稳定性都有显著影响。值得注意的是，不论是积极心理适应还是消极心理应激，认知能力与之都呈正相关，这意味着认知能力对困境儿童而言是一把"双刃剑"，既可能令其更容易产生积极、正面的心态，但也可能令其更容易产生消极、负面的心理。这可能也反映出智慧本身的二元性，一方面令人有可能体验到更高阶的成就感，另一方面也令人失却了简单的幸福。而人格稳定性（数值越高、越不稳定）则与积极心理适应呈负相关，而与消极心理应激呈正相关，即困境儿童的人格越稳定（情绪稳定性越高），越可能出现正面的心态，而越不稳定则越可能导致负面的应对，这一结果符合常识与理论的判断。

就家庭因素与社会支持而言，影响积极心理适应与消极心理应激的因素不尽相同。首先是积极心理适应（见表11），当模型2在模型1控制变量的基础上纳入了成长环境后，可以发现"与父母有无共同经历"以及"共同经历影响差"两项同时都有显著影响。对社会性困境儿童而言，监护缺失是他们陷入困境的一个主要原因，包括父母一方或双方坐牢、戒毒、主观不抚养等情况。因此，倘若儿童完全没有与父母共同生活的经历，即他们自出生就由（非父母）主要照顾者陪伴长大，则其更可能发展出积极心理适应；反之，在成长过程中出现与父/母骨肉分离这般创伤经验，则会阻碍儿童发展出积极正面的心态。对于这些曾与父母有共同生活经历的困境儿童而言，这些经历本身若带来负面影响（比如父母间频繁的争吵甚至互殴、父母一方或双方不良的品性或生活作风），则对困境儿童的心理健康发展而言无疑是雪上加霜。

　　不过，在模型 3 纳入"母 1. 情感温暖与理解"（此处母是指女性的主要照顾者——研究者注）之后，上述成长环境的两个变量就不再显著，而模型 4 中进一步纳入"社会支持总体情况"后，模型 3 所纳入的教养方式因素亦不再显著。模型 3 的教养方式因素与模型 4 的社会支持因素，都正向地影响了积极心理适应。这体现出，负面成长环境造成的影响虽然无法从困境儿童的生命史中抹去，但它所留下的情感与支持空白可以由主要照顾者与多样的社会支持来确实地弥补。与社会支持相关的问卷中的 10 道题目，涉及了儿童可获支持的方方面面，包括家长（此处指主要照顾者）、同学、老师、朋友、邻居、社会组织、政府机构等，这些支持为困境儿童的健康成长提供了不可或缺的支撑。如前所述，由于年龄、代际和身份角色的落差，主要照顾者通常难以走入儿童的内心，但这并不意味着社会中无人能够令孩子敞开心扉。当我们将社会支持总体情况纳入考量之后（R^2 达到 0.515，具有良好的解释力），原生核心家庭所带来的创伤性成长环境，或主要照顾者家庭的教养方式所带来的影响，都不再显著，这恰恰说明不同身份角色的个体所提供的社会支持之间具有可替代性，而社会支持度的总值，则是对儿童积极心理适应发展最为重要的。

　　但是，就受访困境儿童的消极心理应激而言，唯一显著的影响因素是教养方式中的"父 5. 拒绝与否认"（此处"父"是指男性的主要照顾者——研究者注）。除此以外，其他的家庭因素与社会支持都没有显著影响。该结果体现出，男性主要照顾者的教养方式中拒绝和否认的程度越高，儿童越容易出现消极负面的心理。这或许与我们文化内父亲角色（本研究中由男性主要照顾者担当——研究者注）本身承载的意涵有关（例如严父慈母、子不教父之过等），这亦可援引精神分析学说中对父亲角色的解读来理解。

综上，本研究发现本市社会性困境儿童问题行为的检出率偏高，且问题行为的发生与家庭因素有关，同时，困境儿童的社会适应显著地受到个人因素、家庭环境和社会支持的影响。家庭经济状况、亲生父母与主要照顾者的文化水平并没有显著影响困境儿童的心理健康。可以认为，在父母监护缺失、主要照顾者通常只养不育的现状下，多元的社会支持至关重要。

目前，上海市给予困境儿童每月 1800 元的补贴（2019 年补助标准——研究者注）。在调研中，照顾者大多认为这笔补助十分重要，但同时，也有受访者提及这笔补贴与先前孩子已经领取的最低生活保障相冲突，且后者还能带来减免学杂费、医药费的福利，所以感到新不如旧。因此，在直接经济补贴之外，给予困境儿童更多维、完善、近距离的社会支持必不可少。在这一方面，笔者在调研过程中明显感受到了上海杨浦救助站对困境儿童及其照顾者们无微不至的帮助，而其他区除了下发补贴的经济扶助，没有建立社工的服务体系，亦没有"走心"的社会支持网络，这是日后需要改善的一个方向。

参考文献

白春玉、张迪、穆颖、吴惠颖，2004，《沈阳市行为问题儿童的个性特征分析》，《中国学校卫生》第 6 期。

柏文涌、黄光芬、齐芳，2013，《社会管理创新视域下困境儿童救助策略研究——基于儿童福利理论的视角》，《云南行政学院学报》第 2 期。

陈鲁南，2012，《"困境儿童"的概念及"困境儿童"的保障原则》，《社会福利》第 7 期。

戴晓阳，2015，《常用心理评估量表手册》，北京：人民军医出版社。

范兴华、方晓义、刘勤学、刘杨，2009，《流动儿童、留守儿童与一般儿童社会适应比较》，《北京师范大学学报》（社会科学版）第 5 期。

高丽茹、彭华民，2015，《中国困境儿童研究轨迹：概念、政策和主题》，《江海学刊》第 4 期。

国务院，2016，《国务院印发〈关于加强困境儿童保障工作的意见〉》，中华人民共和国中央人民政府网站，http：//www. gov. cn/xinwen/2016 - 06/16/content_5082862. htm，6 月 16 日。

郝振、崔丽娟，2007，《自尊和心理控制源对留守儿童社会适应的影响研究》，《心理科学》第 5 期。

洪琦、卓秀惠、陈文采，2009，《学龄前儿童适应行为发展及相关因素分析》，《中国妇幼保健》第 18 期。

胡月琴、甘怡群，2008，《青少年心理韧性量表的编制和效度验证》，《心理学报》第 8 期。

黄君、彭华民，2018，《项目制与嵌入式：困境儿童保护的两种不同实践研究》，《南通大学学报》（社会科学版）第 3 期。

黄旭、静进、史明丽、涂新，2002，《开展儿童心理卫生保健　促进儿童心理健康》，《中国妇幼保健》第 12 期。

纪林芹、陈亮、徐夫真、赵守盈、张文新，2011，《童年中晚期同伴侵害对儿童心理社会适应影响的纵向分析》，《心理学报》第 10 期。

兰燕灵、张海燕、李萍、徐红兵，2004，《行为问题儿童的生活质量及其影响因素调查》，《中国心理卫生杂志》第 2 期。

李成福，2002，《行为问题儿童智力特征及其相关因素研究》，硕士学位论文，安徽医科大学。

李雪荣，1987，《儿童行为与情绪障碍》，上海：上海科学技术出版。

李迎生，2006，《弱势儿童的社会保护：社会政策的视角》，《西北师大学报》（社会科学版）第 3 期。

李迎生、袁小平，2014，《新时期儿童社会保护体系建设：背景、挑战与展望》，《社会建设》第 1 期。

林崇德、杨治良、黄希庭，2003，《心理学大辞典》（下），上海：上海教育
　　出版社。

刘凤、于丹，2015，《非政府组织参与困境儿童救助的制约因素及出路》，
　　《学术交流》第 4 期。

刘继同，2010，《中国孤儿、受艾滋病影响儿童和脆弱儿童生存与服务状况
　　研究上》，《青少年犯罪问题》第 4 期。

刘金华、吴茜，2018，《社会支持对农村缺损型家庭学龄儿童行为的影响分
　　析》，《人口学刊》第 5 期。

刘克稳、陈天柱，2015，《儿童福利概念回顾及其启示》，《人民论坛》第
　　11 期。

吕催芳、周永红，2019，《感恩对流浪儿童问题行为的影响：核心自我评价
　　和社会支持的中介效应》，《中国临床心理学杂志》第 2 期。

马俊国、徐富玲，2008，《小学生“问题儿童”及其相关因素城乡对比研
　　究》，《医学信息》第 6 期。

马向真、刘瑞京、王漫漫、沈静，2015，《留守儿童、流动儿童自我发展与
　　社会支持的比较研究》，《教育研究与实验》第 3 期。

满小欧、王作宝，2016，《从“传统福利”到“积极福利”：我国困境儿童
　　家庭支持福利体系构建研究》，《东北大学学报》（社会科学版）第
　　2 期。

民政部，2013，《关于开展适度普惠型儿童福利制度建设试点工作的通知》，
　　中国网，http://www.china.com.cn/guoqing/zwxx/2013 - 07/03/content_
　　29309610.htm，7 月 3 日。

尚晓援、虞婕，2014，《建构“困境儿童”的概念体系》，《社会福利理论
　　版》第 6 期。

石怡，2017，《困境儿童家庭功能、心理弹性、疏离感及情绪——行为问题
　　的关系研究》，硕士学位论文，广西大学。

宋潮、麻超、张怡萱，2016，《新疆维吾尔自治区某校流动儿童应对倾向在
　　心理韧性与社会支持关系中的中介作用》，《中国心理卫生杂志》第

2 期。

苏林雁、李雪荣、万国斌、杨志伟、罗学荣，1996，《Achenbach 儿童行为
　　量表的湖南常模》，《中国临床心理学杂志》第 1 期。

苏志强、张大均、邵景进，2015，《社会经济地位与留守儿童社会适应的关
　　系：歧视知觉的中介作用》，《心理发展与教育》第 2 期。

汪向东、王希林、马弘，1999，《心理卫生评定量表手册增订版》，北京：
　　中国心理卫生杂志社。

王建平、李董平、张卫，2010，《家庭经济困难与青少年社会适应的关系：
　　应对效能的补偿、中介和调节效应》，《北京师范大学学报》（社会科学
　　版）第 4 期。

王秀珍、邓冰、王秀英、郑直，2007，《行为问题儿童社交焦虑及个性特
　　征》，《中国学校卫生》第 8 期。

忻仁娥、唐慧琴、张志雄，1992，《全国 22 个省市 26 个单位 24013 名城市
　　在校少年儿童行为问题调查——独生子女精神卫生问题的调查、防治
　　和 Achenbach's 儿童行为量表中国标准化》，《上海精神医学》第 1 期。

行红芳，2014，《从一元到多元：困境儿童福利体系的建构》，《郑州大学学
　　报》（哲学社会科学版）第 5 期。

喻永婷、张富昌，2010，《留守儿童的主观幸福感及影响因素的研究》，《中
　　国健康心理学杂志》第 6 期。

张作记，2005，《行为医学量表手册》，北京：中华医学电子音像出版社。

赵小菲、张秋水、单友荷、张惠开、郭兰婷，2002，《儿童社会适应行为影
　　响因素的研究》，《华西医科大学学报》第 2 期。

钟玉英、陈丽梅，2014，《从 "南京幼女饿死事件" 看困境儿童的保护》，
　　《浙江青年专修学院学报》第 2 期。

左志宏、席居哲、桑标，2004，《健康儿童与问题儿童父母教养方式结构的
　　比较研究》，《心理科学》第 6 期。

Benner, J. Ron Nelson, Allison Bubyak, Jorge Gonzlez, Gregory J. 2003. "An In-
　　vestigation of the Types of Problem Behaviors Exhibited by K – 12Students
　　with Emotional or Behavioral Disorders in Public School Settings," *Behavior-*

al Disorders, Vol. 28 No. 4.

Sawyer, M. , Leanne, Whaites, M. , Rey Joseph, L. , Hazel, Philip, W. , Graetz Brian, Peter, Baghurst. 2002. "Health-related Quality of Life of Children and Adolescents with Mental Disorders," *Journal of the American Academy of Child and Adolescent Psychiatry*, Vol. 41 No. 5.

Sonja, L. , Lepper, H. S. 1999. "A Measure of Subjective Happiness: Preliminary Reliability and Construct Validation," *Social Indicators Research*, Vol. 46 No. 2.

都市社会工作研究　第 8 辑

第 138~164 页

© SSAP, 2020

老旧里弄社区改造中的居民社区认同再建构研究

——基于 X 里弄的个案研究

马桂霞[*]

摘　要　随着城市化的快速发展，社会流动性增强，传统里弄硬件设施破败，社区居民之间的情感联结和社区认同日益受到挑战。本文基于 X 里弄的改造实践，从社区认同来源角度，即社区互动层面探究社区改造中居民的社区认同如何得到提升，以及其背后有着怎样的建构策略。通过梳理发现，老旧里弄再建构的社区认同表现为里弄空间优化所塑造的社区文化认同、社区治理模式转变驱动的组织认同以及邻里持续不断的互动建构的邻里认同，三种不同维度的社区认同正是通过互动环境的营造、居民与居委会关系的强化以及居民与居民互动关系的深化共同形塑的居民的社区认同。这些认同是在不断的互动中生产与再生产出来的，三种不同维

---

* 马桂霞，华东理工大学社会工作专业硕士，主要研究领域为社区工作、社区治理等。

度的社区认同生成逻辑反映了社区环境、社区服务及社区互动是居民认同感建构过程中的关键力量。里弄居民社区认同再建构的策略具有一般性的意义，可以为其他社区的居民社区认同建设提供一定的参考。

关键词　老旧里弄　社区认同　社区互动

一　问题的提出

里弄，作为上海这座城市的名片，有着极其独特的文化价值，里弄承载着一代又一代上海人儿时的欢笑、父母的守望、邻里深厚的感情。然而，随着时间的推移，曾经代表上海文化特色的老弄堂日渐衰落，年青一代大都搬离了弄堂，弄堂的卫生设施、安全设施严重老化，外来人口大量涌入社区，使社区异质性增强，社区环境逐渐恶化、邻里矛盾突出，给居民的生活带来了很多不便。2015 年，X 里弄面临有史以来最大的社区管理难题，里弄各种问题集中出现，极大地影响了居民的社区认同感和社区归属感。社区建设本身承载了增强居民对社区的认同感和归属感，提升居民参与社区事务的意识和能力的使命。社区认同是社区居民参与公共事务的前提和内在动力，社区认同的强度影响着居民之间、居民与社区的联结紧密度，缺乏社区认同使居民之间很难建立起相互的信任和情感，影响居民在社区的生活满意度和幸福感。

在这种背景下，2015 年 X 里弄所在街道及区政府把旧区改造作为民生工作的重要内容，投入资金进行以"硬件安全化、设施便民化、环境舒适化"为目标的弄堂大修工作，对硬件进行综合整治改造。依托政府行政力量，老弄堂的面貌焕然一新。老弄堂改造后，X里弄以此为起点，大力改造里弄原有的环境，以"重建里弄温馨的生活环境，重构居民的社区认同"为目标开展社区建设。2018 年笔者在实习过程中了解到，经过几年的实践，X 里弄在社区邻里建设、居民社区认同培育方面积累了丰富的经验，居民的社区认同感大大提升。那么社区改造中居民的社区认同是如何得到提升的？柯林斯指出个体的社区认同来源于自我与社区良好的互动，居民之间较为频繁的交往与互动是社区认同建立的基础（豪格，2011）。因此，要探究 X 里弄社区认同的提升问题，就需要探究社区互动与社区认同的关系问题。

二　研究框架的形成

（一）社区认同的界定

在国外的相关研究中，学者迈克尔米兰和查韦斯（McMillan & Chavis，1996）勾勒了一个关于社区认同的四成分模型，他们认为社区认同是社区成员对所属群体或社区的归属，是成员之间彼此相依的感觉，以及通过共同生活可以满足成员的需求和共享信念。在他们看来，社区认同是由四个部分，即成员资格、影响、整合和需求满足、共享符号系统组成的。

第一，成员资格，即归属某一群体的感觉，这种归属感包含三种成分：情绪安全感，如果环境能够给予个体一定程度的安全感，个体就能与环境建立起情感的联系；归属和认同决定着谁可以成为社区的成员，对社区认同起着推动作用；个人投入是指社区成员对社区所做的贡献，这种贡献可以是"物质的"和"非物质的"。

第二，影响，既包括个体对社区的影响，又包括社区对个体的影响。一方面，为了让群体具有吸引力，必须让个体感觉到其能对群体施加某种程度的控制和影响；另一方面，群体只有能够影响其成员才能具有凝聚力。

第三，整合和需求满足，只有当社区对成员来说是有价值的，才能维持成员对社区的归属感；社区中的集体福利供给，一方面应使社区成员的需求得到满足，另一方面应使集体的需求得到满足。这种双向满足使社区成员与社区整体之间建立起独特的依赖关系。只有当长期的和集体的利益得到满足时，才会产生社区认同。

第四，共享符号系统，包括从特殊的社区词语到某些特殊社区意义的物品，如建筑物、体育设施等。

综合国内现有研究以及迈克尔·米兰、查韦斯提出的社区认同四成分模型，笔者认为社区认同是指，居住在一定地域范围内的人们，基于自身生活和发展的需要，在邻里间不断互动的基础上所形成的心理上的依赖和归属。同时自我与社区之间的交互关系会产生多样性的认同，在社区层面表现为，从个体对本区域生活习惯、居住方式、文化习俗的接纳和认可到对社区公共事务的关注与投入，从而产生对社区组织的接纳和认可以及归属某一群体的感觉和特殊情感。因此，理想的社区认同是社区文化认同、组织认同和邻里认同等三种认同相互作用的结果。具体内容有以下几点。

第一，社区文化认同。在文化认同的研究中，王腾认为社区文化认同包括居民对该区域内的生态环境、生活方式、居住方式、思维方式、宗教信仰和文化习俗的接纳和认可，还有在特定社区空间和文化长期形塑下居民形成的一种共同感和凝聚感。社区文化认同在很大程度上影响着人们对事务的价值判断和心理归属（王腾，2017）。

第二，组织认同。汪振（2019）分析了居民对社区组织认同的表现。他指出，组织认同是组织成员在行为与观念的许多方面与他们所生活的社区保持一致性，觉得自己对社区有一种责任感，也有一种非理性的归属感和依附感，这也是他们在这种心理基础上献身于公共事务的结果（汪振，2019）。组织认同有着诸多的驱动因素，其中持续不断的邻里互动、社区参与促使个体的自我价值得到实现、自我需求得到满足等会对组织认同产生影响。

第三，邻里认同。王孟永（2019）对社区邻里之间的认同进行了研究。他认为，邻里认同是个体在一定的社区居住环境及与社区环境中的不同个体互动中产生的居民对邻里的一种情感联结。邻里认同是社区认同的前提，其主要涉及的是：在社区中，居民是否与其他居民建立良好的关系；是否与其他居民保持互动；居民是否能够从邻里中获得情感归属；邻里是否有信任的感觉，如果邻里能够给予个体一定程度的安全感，则个体就能与社区建立起情感的联系（王孟永，2019）。

以上这些社区认同的共同实现，是对社区整体认同的最终呈现。不同维度的认同有不同的表现，背后有不同的驱动因素，因此只有细致深入地探究每一种认同的形成要素，才能实现整体层面社区认同的建构，现有研究对此缺乏进一步的讨论。

（二）社区认同的影响因素

国外学者曼纽尔·卡斯特指出，认同是一个外部环境与行动者相互作用的社会过程的结果，具有社会性和建构性，因此社区认同的形成过程不仅受到个人层次的影响，还不断受到建构的、动态的外部环境与结构性因素的影响（卡斯特，2001）。Buckner 也认为，社区认同形成会受到社区环境、社区对居民的吸引力以及居民社会互动行为三方面的影响（Buckner, 1988，转引自 Jenkins & Richard, 1989）。柯林斯指出个体的社区认同也来源于自我与社区良好的互动，邻里之间多种形式的互动是提升社区认同的根本途径。

国内学者的研究表明，社区居民的社区满意度、社区关系、居住时间、社区认知度都与社区认同密切相关。许斌、孙轶群（2011）从功能主义的角度探讨了居民参与、邻里互动和社区满意度对社区认同的影响。张晔（2018）认为，影响居民社区认同感的相关因素包括政府因素、居民因素、社区因素和社会交往因素。居民因素主要指居民的个人特征：年龄、性别、收入、婚姻状况、职业等。社会交往因素主要是社区内个体之间的交互作用（张晔，2018）。

综合国内外学者对社区认同影响因素的研究，笔者发现，国外学者关于社区认同的影响因素可以概括为外部环境、制度因素与居民互动，国内学者关于社区认同的影响因素可以概括为社区满意度、制度因素、邻里互动及社区参与，两者指向内容具有一致性。因此，结合本文的研究主题，笔者认为影响社区认同产生的因素大体上可以从以下三个维度分析。

第一，外部环境。社区认同很大一部分来源于空间和时间的影响，空间的认同主要表现在对社区优质的环境、亲切的空间氛围、宜人程度、地方性的建筑群体、风貌特色的继承等社区物理环境与条件的满意程度上。

第二，制度因素。社区认同在一定程度上反映了社区治理模式、激励机制、政府的支持力度对居民的社区满意度和认可程度、社区对居民的吸引力、社区便利程度、管理水平、社区福利、社区满足家庭需要等的影响程度。

第三，互动因素。从认同理论视域来看，社区认同是社区成员在特定区域内长期交往的基础上建构起来的，居民之间较为频繁的交往与互动是社区认同建立的重要机制。在社区认同的形成过程中，居民正是在持续不断的社区互动中获得了不同维度的认同。

因此，本文主要遵循"里弄空间环境的优化塑造社区文化认同—社区治理模式转变驱动组织认同—邻里持续的互动形成社区邻里认同—社区改造中居民社区认同再建构的启示"这一逻辑，关注外部环境因素、制度因素及互动因素在社区认同形成过程中的作用，尝试从社区认同的来源即社区互动角度探究社区认同的建构过程，试图构建一个适合里弄社区类型的居民社区认同建构框架。研究框架如图1所示。

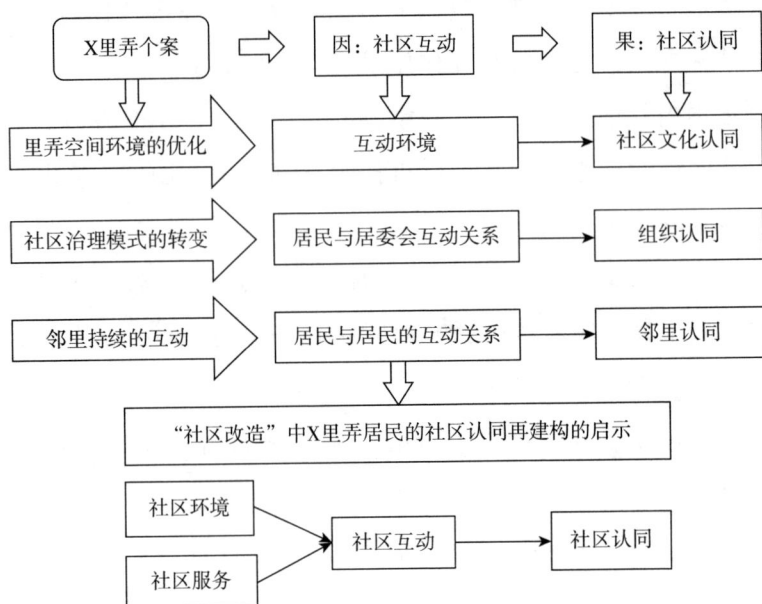

图 1 研究框架

本文主要采用定性研究中的个案研究法，并将理论研究与个案研究相结合，一方面通过文献梳理社区认同的理论发展脉络和我国社区认同培育的实践研究，另一方面通过从社区互动角度，结合 X 里弄"社区改造"的实践进行深入剖析，通过半结构式访谈法、实地参与式观察等方式，最终在对个案实践经验进行总结基础上，分析了里弄居民社区认同再建构的逻辑。

访谈对象基本情况如表 1 所示。

表 1 访谈对象基本情况

编号	姓名	年龄（岁）	性别	身份
01	王 × ×	35	女	社区书记
02	孙 × ×	30	女	社区主任
03	刘 × ×	28	男	社区工作者
04	陈 × ×	30	女	社区工作者
05	王 × ×	27	女	社区工作者

编号	姓名	年龄（岁）	性别	身份
06	苏××	64	男	居民
07	刘××	75	男	居民
08	钟××	65	女	社区志愿者骨干
09	赵××	45	女	社区志愿者
10	殷××	52	女	社区志愿者骨干
11	王××	65	女	社区志愿者

三 个案概况：X 里弄改造的过程

X 里弄兴建于 1926 年，位于衡复历史风貌保护区范围内，毗邻新天地、中共"一大"会址，占地面积为 4 万多平方米，户籍人口有 5431 人，65 岁以上老年人有 1162 人，80 岁以上老年人有 369 人，外来人口占社区总人口的 55%，是一个老年人口多、外来人口多，由纯二级旧里①组成的旧式里弄小区。辖区内房屋大部分是联结式的石库门砖木结构住宅，大多有近百年的历史，并有众多优秀历史保护建筑，是一个有着丰富文化底蕴和浓郁上海老城厢风貌的社区。辖区内住宅建筑密度高、弄堂狭小、房屋破旧，生活设施缺乏，安全隐患多，是典型的老城厢社区。小区居住人员复杂、居民利益诉求多样化，短期内无动迁的可能。

里弄改造的背景是二级旧里房屋问题的显现，主要包括房屋内部老化引起的各种硬件问题、邻里矛盾以及环境问题。2015 年在 X 里弄所在街道及区政府的大力协助下 X 里弄把旧区改造工程作为民生工作的重要内容，投入资金进行以"硬件安全化、设施便民化、环境舒

---

① 二级旧里是上海旧式里弄中的一种，是指包括广式石库门和建筑式样陈旧、设备简陋、屋外空地狭窄、一般无卫生设备和独立厨房的砖木结构老式石库门。

适化"为目标的弄堂大修工作,对硬件进行综合整治改造。依托政府行政力量,老弄堂的面貌焕然一新。老弄堂改造以后,如何有效管理弄堂、提升居民的社区认同感、促使他们能够积极维护里弄的环境卫生、营造良好的邻里氛围、重建往日的弄堂温馨生活成为社区建设的主要方向。

(一) 里弄改造的路径: 里弄居民社区认同的再建构

X 里弄大修后,居委会将此作为社区建设的新起点,树立信心决定大力改造里弄原有的环境和氛围,重建里弄温馨的生活环境。

> 当时区领导、街道领导对我们社区也很重视,因为我们社区算是区里先开展大修工作的前几个二级旧里,那他们就希望这次社区要好好整治,在社区环境维护、便民服务、各方力量共同参与社区等方面做一些探索,进一步完善老旧里弄的工作制度,形成常态化机制,争取做我们区的样板社区,为后面要整治的社区提供一些经验。(个案 01,社区书记)

1. 环境整治

确立工作目标之后,社区首先将老弄堂环境整治作为社区建设的头等任务。

> 因为总的来说,环境还是居民意见最多、最影响生活的因素,老弄堂的垃圾清理、便池卫生当时是我们先整治的内容。(个案 04,社区工作者)

在政府介入之前,实际上已经有几个居民自发地发起弄堂环境保护行动,他们自己制作了一些宣传语贴在垃圾厢房上、自发地整理社区非机动车辆等，社区积极发掘这些有较高参与意愿的居民，给予他们行为上的肯定，在此基础上倡导这些居民组成社区"弄管会"，专门负责召集居民、组织居民行动起来改善弄堂环境。"弄管会"按职责进行划分，解决居民共同关心的问题，如清洁、安全、停车，使整个社区环境管理的责任分明，更加有序。另外，推进弄堂的平安建设，在弄堂内安装路灯和监控，安装灭火报警装置，组织弄堂内志愿者巡逻等，这些措施大大降低了社区盗窃的发生率，社区安全感得到了极大提升。

2. 公共诉求的激发

"弄管会"经过半年多努力后，社区的环境得到了很大改善，居民都看在眼里，"弄管会"渐渐在居民心中建立起很大的权威，参与的人也不断增加。在环境整治基础上，居民希望社区的一些公共问题能得到解决，如解决居民停车、公共洗衣、公共洗澡、公共活动空间缺乏的问题，这些都是居民最迫切需要满足的需求，所以大家纷纷借着"弄管会"平台表达自己的诉求，从私人领域进入社区公共领域。社区借此积极鼓励和引导"弄管会"成立议事会，针对老旧里弄房屋问题多样化、居民需求多元化等问题，社区居民开展协商议事，并引入工商、物业、派出所、业委会、党建中心、平安办、自治办等多方力量合力共同解决居民生活难题。

3. 邻里互动组织的形成

在前期的参与中，居民已经建立了一定的社区网络。同时住在 X 里弄的一些老居民还记得自己的父母、爷爷奶奶那一辈时社区有专门的"X 里弄妇女识字班"，专门供社区女性开展一些学习活动，其中有位居民反映这里以前就是文化人居住的地方，那到他们这儿也不能断，文化氛围还是要继续传承下去。社区就借着居民的提议，由居民商议成立了社区第一个居民组织"媛德坊"。刚开始的时候，"媛德坊"主要开展一些读书、读报的活动，只有一些感兴趣的居民参加。

后来节日的时候居民也会自发在社区组织活动，慢慢地，"媛德坊"中发展出了拳操队、编织组、烹调组。2016 年先后在社区举办了民俗游园会、弄堂运动会、里弄旗袍秀等大型社区活动，居民参与热情不断提高，邻里间的互动也逐渐增多，建立了良好的社区网络。

随着社区社会组织人数不断增加，X 里弄在此基础上又发展出了西城巧匠社区团队、社区老伙伴计划、社区四美团队、秦鲁帮帮等社区团队，这些团队功能不同，团队性质、活动内容也各不相同，极大地促进了居民之间的互动，居民之间因此建立了深厚的感情。

四 里弄空间环境的优化塑造社区文化认同

居民的社区认同很大一部分来源于空间和环境的影响，空间的认同主要表现在对社区优质的环境、亲切的空间氛围、地方性的建筑群体、风貌特色的继承等社区物理环境与条件的满意程度上。除此之外，里弄社区改造过程中老弄堂的环境保卫运动也是营造社区人文环境的重要力量。

（一）特定里弄空间结构下互动环境的营造

沈原从自己的田野工作经验出发，将社区界定为"一定地域界线内的人群共同体"，其中人群共同体包括四个基本要素，即居民、关系、空间和文化。居民是社区的主体；关系即居民之间所具有的各种社会性关联；空间是指社区居民日常生活的地域与居住的屋舍；文化是指一个社区及其居民，总是有自己独特的生活方式、居住方式、社区意识和传统等，文化是这些范畴的统称（沈原，2019）。这四类要素在不同形态下的组合以及组合的具体形态、运转状态、资源丰富与否构成了不同的社区类型，也形成了不同的社区互动环境，因此社区环境的改善和优化应该是基于这四个要素的改变。X 里弄社区在改造中，对于社区空间环境的优化主要基于对居民主体的认知，沿着空间、文化和关系三个路径展开，主要进行了三点创新和突破。

1. 原有物理空间的调整

X里弄作为老城厢旧里弄，房屋老旧、空间狭窄是其主要的特点，逼仄的居住条件影响着邻里之间的关系。占地、用水、垃圾清理等生活琐事成为引发居民纠纷和冲突的导火索。在里弄中，社区工作者对于邻里冲突已经习以为常，这些冲突因其性质可大致分为以下三种：公共空间占用引发的矛盾、利益不均衡引发的矛盾、生活习惯引发的矛盾。上述矛盾使日常中里弄居住环境存在很多风险，但X里弄作为历史风貌保护区，尽管建筑老旧破败，但又严禁拆除，只能修旧如旧。因此从社区空间维度，思考如何适当地修缮房屋、改善居民居住条件，及利用空间关系的变动来梳理和重建居民的邻里关系是里弄改造的关键。

近年来，政府将里弄改造的重点聚焦在清空楼道上，居民抢占公共空间、利益冲突的根源在于空间狭小，现有的院落已经完全被居民的杂物堆满，此种情况的形成已有较长历史。"清空楼道"的好处在于简单易行，成本低廉，最重要的是改善居民生活环境处的采光条件，加大空间利用率。在具体行动层面，居委会工作者达成共识，楼道空间的改造是居民自己的事，需要居民自己通过协商、研讨，充分表达自己的意愿后，形成可行的方案和办法，否则日后还会产生冲突和矛盾。

在楼道整治行动中，我们主要开展了三方面的工作。第一，志愿者每日在小区内的楼道进行巡查，发掘可改造、有意愿改造的楼道，然后召集骨干志愿者召开楼道空间改造座谈会，商讨解决方案。第二，整治后针对楼道居民召开公共空间维护座谈会，居民自己协商以后公共区域的使用规则，制定相应制度。例如，可以摆放垃圾桶、拖把、扫帚等。第三，楼道改造完，对已改造好的楼道做成宣传面板在小区内进行展示，并借此活动吸引更多的居民对楼道改善产生兴趣，同时也收集各种居民对于楼道公共空间改造的意见。（个案02，社区居委会主任）

上述空间调整的实践表明，构建社区空间的微体系最重要的是激发居民的主体性。居民作为在社区生活的"当事人"，对身边环境状况有着最深刻的感受，对宜居环境有最强烈的诉求，是改善社区环境的基础和动力。在组织化的体系、明确的公共议题带领下，这一基础性的力量才能展现出来，即居民才能在环境治理中实现自我选择、自我决策并承担相应的责任和义务。

2. 挖掘老城厢的特色文化

文化的发展与人们的社会实践活动紧密相关，文化是人们的实践活动创造的产物，承载着人们的思想观念、道德规范、价值标准等内容。与此同时，通过渗透在实践活动中的文化发挥影响，使人们将思想道德观念等内化于自身的心理和人格结构中。X里弄至今约有100年历史，但随着城市化进程的加快和人口的频繁流动，不仅原有独特的地方历史和文化面临衰微甚至消失的危险，而且传统的互助型邻里关系慢慢淡化，居民们缺少参与社区建设的意愿。

基于此，社区工作者开始走访动员小区居民。

在小区中搜集历史建筑、里弄人文、志愿服务等故事，开展老照片、老物件的展示和各类主题活动，将这些一个个充满温度的故事与社区记忆贯穿起来，在唤醒大家共同的社区记忆的同时，积极挖掘社区中才艺能人、奉献能人、智慧能人，激发社区活力，增强小区凝聚力，为社区文化的营造共同努力，提升里弄文化氛围，丰富社区文化记忆。（个案03，社区工作者）

3. 里弄环境的保卫运动

里弄沿街有 20 几家商铺，这些商铺建于 20 世纪 20 年代末，是上海历史文化保护建筑，但一段时间里这儿环境"脏、乱、差"，为了改变这种状态，在居民发起的里弄环境保卫运动和里弄环境协商议事会的基础上，社区多次召开居民、商铺会议，居民与商铺共同表达自己的诉求和难题，进行协商，出谋划策提供建议，制定实施细则，同时维护商铺与居民的共同利益，督促社区环境问题的逐步解决。居民之间协作共同进行的弄堂环境保卫行动，极大地促进了商铺成员与居民的互动沟通，激发了居民服务小区的积极性，使居民意识到自身参与带来的效果和价值感，促进了居民在社区改造中进一步参与社区建设。

（二）空间结构下形成的社区文化认同

1. 文化空间保护的集体记忆

庄小雅（2016）提出社区认同感的形成、社区意义的建构以及市民在公共空间政治博弈和社会改造过程中的主体性的成长是通过参与保护生活空间的环境特质和集体记忆而实现的。正如学者所说，集体参与"清空楼道""老弄堂文化的挖掘""商铺环境保卫行动"等社区改造实践，使居民的家园意识不断得到增强，对里弄本身所蕴含的价值和意义也有了更深的认识，形成了居民共同体所拥有的共同记忆，这些记忆也在不断地形塑着居民在社区生活中、在居民相处中的共有精神和共有价值，这就更加赋予了他们社区参与的价值感和使命感，使他们有责任和有意识地主动维护社区的环境、公共文化和社区生活。

2. 对社区文化环境的自豪感

社区文化是社区建设的根基，是建立在居民交往基础上的，居住区室外的景观设计、社区环境的整体文化氛围、居住区内的环境质量是社区文化品位的重要体现。2015 年，里弄开展了社区微更新，邀请著名艺术家为里弄制作了讲述 X 里弄长久以来生活的剪纸墙面，社区主弄堂白天、夜晚都呈现不同的景观。除此之外，以社区历史保护建筑等为核心挖掘里弄文化底蕴，发展"媛德坊"、拳操组、读书会、编制组等文化团队，开展具有里弄特色的民俗游园会、弄堂运动会、弄堂文艺汇等文化活动，充分利用和融合地方文化资源，这样不仅体现了地域文化特色，也继承了社区文化的精髓，唤起了人们对地域场所的认同。居民们在里弄整体变化中感受到了社区营造的优美的社区环境，对社区有了更加积极的认可和评价。

> 自从社区改造后，很多外国人经常来社区参观、拍照，居民因此还会和他们合影，讲述一些社区的故事，居民在这种互动中既保持着对这种文化的自豪感又共同享受着这种文化带来的凝聚感。（个案 05，社区工作者）

五　社区治理模式转变驱动组织认同

社区大修后，X 里弄根据自身的地域环境和社区现状，转变自身发展的目标和方案，以满足居民的需求、提升社区服务的水平为方向，加强社区与社会组织、社区共建单位的合作，激发社区居民的公共诉求，促使居民从私人领域进入公共领域，共同参与社区建设，这个过程中，不仅居民与居委会的关系得到强化，而且极大地提升了居民对居委会职能的认同，从而强烈的组织认同。

（一）里弄居民与社区互动关系的构建

长期以来社区居委会作为基层自治组织，承担了大量的政府行政职能。从实际运作状态来看，居委会处于一种疲于应付"上级"的状

态，然而居委会的职能绝不在于承担上级的行政功能，而在于服务社区中具体的民众。X 里弄在改造后，积极转变自身发展目标，

对接、协调各类社会组织以及社区共建单位进驻社区，共同激发社区居民的公共诉求，促使居民从私人领域进入公共领域，共同参与社区的建设，实现居民多元化的需求满足和社区服务的提升，构建了居民与居委会的良好合作、协助关系。

1. 社区治理模式的转变

首先，促进社区与社会组织的合作和互动。在社会组织层面，如果缺乏居委会帮助和引进，则社会组织很难走进居民的生活并组织居民开展活动。其次，促进共建单位参与社区治理。X 里弄通过整合社区内的各类资源，使辖区单位的活动场所、服务设施更加广泛地面向社区居民开放，同时挖掘整合社区内各共建单位和广大居民群众中蕴含的各种人力、物力资源和各种信息资源，搭建一个资源共享、双向服务、多方协作的互助平台，实现社区与企业的互利双赢，充分利用社区的各项资源，提升居民的社区服务。

2. 公共诉求的激发

针对老旧里弄房屋问题多样化、居民需求多元化，社区借此积极鼓励和引导居民借"弄管会"平台成立社区议事会，开展公共事务协商议事，并引入工商、物业、派出所、业委会、党建中心、平安办、自治办等多方力量合力共同解决居民生活难题。在识别诉求的具体路径上，一方面，社区开放和完善居民诉求表达的渠道，鼓励居民主动通过各类渠道与政府沟通，如利用手机等互联网技术；另一方面，社区通过发放问卷，组织社区工作会议和开展小组访谈，了解里弄居民对于社区环境、社区服务及社区建设等的诉求。

3. 居委会角色和功能的合理定位

在社区改造中，里弄居委会的角色和功能的转变，实际上是迈出了关键性的两步：基层减负和社区自治的实现。所谓基层减负的重点

不是对居委会所承担的工作说"不"，而是以"增能"的方式进行自我减负，发挥社会组织、社区社会组织及社区居民的力量，共同参与社区治理。同时，在邻里矛盾中，居委会作为邻里关系的中心，其本身的角色和功能也使居民互动关系不断强化。这种强化来源于两方面：一是相比于商品房小区，居委会在社区居民心目中有着极大的权威，在这种权威下，人们愿意在矛盾中做出让步，维护权威的角色和地位；二是居委会在矛盾中进行的调和，使居民的不满在与居委会的互惠关系中得到释放，居民也愿意为了互惠关系减少居委会的麻烦，维护社区的和谐，以换得居委会的支持。

（二）社区治理模式转变驱动的组织认同

居民的组织认同很大一部分来源于居民内在需求的满足。在里弄层面，具体表现为缺少物业管理，房屋陈旧，道路拥挤，电线、水管、天然气和雨水污水管道等基础设施老化，安全隐患较多。里弄大修之后，居民的这些公共诉求更加强烈，最初有几位牵头者自发参与，相互协商，使居民走出私人领域进入公共领域参与事务，社区在此基础上积极转变社区治理模式，以协调居民的公共诉求作为里弄建设的主要方向，利用社区会议室为居民提供沟通、协商的公共平台，帮助居民制定协议规则，协助居民邀请社区相关主体共同参与社区公共设施的改善，在这个过程中居民的疑惑得到解答，居民的自主性得到很大提升，社区参与意识和主人翁意识也得到增强。

> 这几年社区改造给我最大的感受就是社区秩序越来越好，居民交流也多了，因为我们两级旧里你知道的，就是因为住的近矛盾多嘛，有时候吵得不可开交，现在我们有这个协商会议，还有几个社区团队，我们经常开展活动，交流就比较多，大家就出点子、想办法，哎，怎么改变社区环境、我们居民娱乐的环境。现

在我们积极性很高，大家商量着来，我们这个里弄就和谐了很多。（个案11，社区志愿者）

同时，里弄一般按"块"划分，每个社区工作者分管一定区域的居民，对于里弄社区工作者来说，每天的工作之一就是去自己的"块"走访，了解居民最近的状况以及遇到哪些问题，给予一定的支持和协助。这项工作极大地拉进了居民与居委会的关系，居民亲切地将负责的社区工作者称为"块长"，在居民的评价中，社区工作者对他们每一户居民家庭的事情都很熟悉，能想群众之所想，急群众之所急，在居民心中拥有较强的认同和信任。

六　邻里持续不断的互动建构社区邻里认同

邻里认同是个体在一定的社区居住环境及与社区环境中的不同个体互动中产生的居民对邻里的一种情感联结，邻里认同是社区认同的前提，是居民对居住区域邻里一定程度上的情感定位，因而居民之间持续不断的交往和互动是邻里认同产生的基础。社区中的邻里互动（简称为"社区交往）是居民主观的社区交往需求和客观的结构性条件相互作用的产物（夏建中，2019）。居民的社区交往需求为社区交往行为提供内生型动力，而结构性条件是制约或促进社区交往需求转化为现实交往行动的外部条件。只有当居民具有较强的社区交往需求，并且社区具备将居民的交往需求转化为实际交往行为的结构性条件时，社区才能成为一个具有活力的互动系统，从而生成社区认同和社区归属。

（一）里弄居民与居民互动关系的构建

1. 社区交往需求的激发

本研究发现 X 里弄改造中在促进邻里交往的需求方面主要注重激

发以下几种需求。

第一，情感性的交往需求，主要包括基于邻里归属产生的交往需求以及基于共同记忆产生的交往需求。邻里归属是居民对所处社区的情感联系，这种邻里归属感驱使着人们产生更多的交往、互动，最终形成"自己是社区一分子"的身份认同。同时，对于社区认同来说，共享的记忆记录着他们的共同参与，记录着邻里之间与自身关系密切的人，这种地域归属感和邻里情感多来自居民的交流和互助，以及居民参与公共事务过程中所烙印在脑海中的集体记忆。

第二，功能性的交往需求，包括共同需求产生的互动需求、共同生活产生的陪伴需求、资源利用产生的合作需求。一是基于共同兴趣产生的互动需求。

> 我们在里弄有一个"媛德坊"团队，这支团队全由社区阿姨组成，其成立之初被定义为社区女性的读书会，慢慢吸引越来越多的居民参与。"媛德坊"现在发展出烹调组、拳操队、编织组等团队。这支团队是完全基于兴趣自发形成的，社区专门提供了社区活动室，有时还会寻求共建单位帮助提供一些活动物资或团队制服等支持。(个案 09，社区志愿者)

现在她们有固定的活动时间、地点、人员，居民在这种共同兴趣的驱动下形成了良好的互动，建立了良好的团队关系，增强了对社区的认同感和归属感。二是一些孤寡老人为了满足共同养老需求会在社区内寻找合作与互助，除了居民自主的这种合作需求，居委会也建立了非正式的社区共同养老组织。

> "老伙伴计划"就是让低龄老人来照顾高龄、独居老人，低龄老人在照顾高龄老人的同时也获得一些志愿服务积分。这些积

分可以在社区公共洗衣房、社区公共浴室使用。里弄空间有限，缺乏独立的淋浴、晾晒空间，这种激励方式极大地激发了居民共同合作的需求。（个案10，社区志愿者骨干）

三是资源利用产生的合作需求。在社区生活，居民会遇到一些个人解决不了的问题或者存在一些需求，这些问题和需求存在普遍性，如果大家能共同合作、互助，则生活便利度能够得到很大提高。因此，里弄为了鼓励居民共同解决生活中的一些难题，引导社区几名男性骨干成立了西城巧匠社区团队，这支团队完全是社区居民自愿的组成的修理团队，帮助社区居民修理一些家用电器或生活用具。这支团队自成立以来已为社区居民修理物件不少于200件，为居民提供了很大的便利。

第三，利益性交往需求，居民在交往中还存在一种基于共同利益而形成的信息交流和维护公共利益而产生的集体行动，这种沟通和合作需求是社区交往需求最重要的一种类型。它是由经济利益所驱动的，包括两个方面：一是房屋居住条件，二是房屋居住的整体环境。首先，里弄民居大都建造多年，房屋及基础设施年久失修，存在各种影响生活质量的硬件问题；其次，弄堂的整体环境是整个住宅档次的重要衡量标准，X里弄位于上海城市中心的黄金地段，虽然房屋设施老化，但其住房的价值不言而喻，居民总体认为社区环境的好坏与拆迁赔偿相关联。因此，提升里弄居住环境和居住质量，不仅关乎他们的生活满意度，而且在住房价格不断提高的情况下也能带来潜在的经济利益。

2. 结构性条件的创造

居民在社区中多种形式的合作与交往需求是居民情感认同建构的内生型动力，但居民主观的交往需求能否转化为具体的互动行动还在于社区是否具备相应的结构性条件。社区基于上述居民的三种需求，相应地从以下三个方面创造社区结构性条件来满足居民社区交往需求。

第一，营造社区文化氛围，促进社区情感性互动。里弄作为上海这座城市的名片，有着极其独特的文化价值，里弄内遍布多种类型的历史保护建筑，孕育着里弄独特的民居文化。社区文化是实现居民观念整合、行为规范和增强社区认同感的有效途径，是社区居民之间、各类社会组织之间相互联系、加深感情、增进了解、沟通融合的纽带和桥梁。第二，完善社区参与体制，促进社区功能性互动。社区参与可以培养居民的参与意识和对社区公共生活的兴趣、热情，参与各种社区活动，可以让居民从家庭里走出来，认识彼此，提高相互之间的舒适度，融入社区生活。第三，建立需求回应的服务机制，促进居民利益性互动。基于需求回应的服务体制建设包括两方面内容：一是建立对社区居民需求的有效回应机制，保证居民的意愿和需求被及时发现，并得到有效反馈；二是形成以服务需求为导向的服务供给链条。

（二）邻里互动中居民邻里认同的表现

居委会作为社区的管理者和协调者，邻里关系的营造是其开展社区治理最重要的内容之一。邻里关系的状态也有着最直观的感受，总体来说，里弄的居委会工作人员在谈起改造后邻里关系的变化时都偏向于给予积极的评价。在社区工作者眼中，老城厢本身还是有很浓郁的人情味的，大家都在这里居住很多年，不仅对弄堂的市井生活产生留恋，还对这里的老伙伴、老邻居产生留恋。只是在里弄衰败后，一些有经济能力的居民搬离了老弄堂，居民心理的落差还是蛮大的，再加上外来人口涌入，社区基础设施缺乏，社区环境、社区公共生活都受到了不同程度的影响，社区凝聚力就降低了，社区原有的活力也没有了。

随着改造中居民社区交往需求的激发以及结构性条件的创造，居民的社区生活环境得到改善，社区生活网络的组织化也被激活，这种组织化的社区社会网络的建立促使人们在邻里交往中重建稳定、互助、依存的和谐关系，使人们在其中能够满足特定需要和实现多种社区功能。

邻里关系最明显的一个变化就是人们交往更广泛了，因为我们在这次改造中最重要的工作就是培育居民的各类功能型的社区社会组织。我们做了老伙伴计划，居民根据自身爱好成立了社区四美团队、秦鲁帮帮，还有媛德坊，虽然团队成员有很多交叉的，但是居民通过参与的过程来扩大交往网络，带动了很多原先不是很积极参与社区活动的老人。对此我们还是蛮开心的。（个案08：社区志愿者骨干）

七 X 里弄社区改造中居民社区认同再建构的启示

（一）多维度的认同是在社区互动中生产与再生产出来的

从 X 里弄社区改造的实践来看，居民的社区认同是在特定的、具体的社会文化情境中通过人际、群际的不断互动而得以建构与再建构的过程与结果，即认同具有建构性。笔者从社区互动的视角，通过深入探究社区改造中里弄居民社区认同再建构的过程，发现了居民社区认同构建的三个策略：里弄优化的空间环境改善了社区互动环境，促使居民积极参与保护生活空间，环境特质和集体记忆形成了对社区文化上的认同；社区经由社区治理模式转变强化了居民与居委会互动的关系，形构着居民对社区组织的认同；居民在不断的邻里互动中逐渐加强了相互之间的联结，从而建构着自身对邻里情感上的认同。在社区公共生活中，居民在这三种逻辑驱使下，完成互动中多维认同的建构与形塑，从而形成整体性的社区认同。

总之，居民的社区认同形成过程不仅受到社区各种因素的影响，还受到居民自身的影响，如果居民在互动过程中建构了对社区的文化认同、组织认同和邻里认同，则他们就会在此基础上进行更多的社区互动，并在新的互动中再次强化多维的认同，继而提升自身对社区的归属感和认同感。可见，居民在互动过程中产生认同感并在认同感驱使下继续互动。认同是在社区互动中生产与再生产出来的。

（二）社区环境、社区服务、社区互动是社区认同再建构的关键因素

里弄之所以呈现"社区衰败"的样态，归根结底在于老旧里弄房屋老化所引发的公共服务设施欠缺、公共环境脏乱等问题，影响了居民社区生活的满意度，使居民社区认同感降低。实践表明，人们对社区的认同是与人们对社区环境、社区服务供给需求密切相关的，是与邻里层面、社区层面较频繁的互动分不开的。由此，可以从中得到启示：社区建设和发展应建立在良好的社区环境、社区服务的提供与人际关系之间良性互动基础上，只有这样的社区建设和发展才能促进社区认同意识的形成。其中，社区环境是社区认同形成的初始条件，良好的社区环境是促进交往和互动的基础；社区服务是社区认同形成的支撑要件，协调社区各方力量共同提供社区高品质、多层次的服务是将社区内相同身份的人链接起来形成共有价值、共同精神和共同情感的支撑；社区互动是社区认同形成的来源和途径，认同正是在不断互动中形成的。社区环境、社区服务、社区互动共同作用，从而再建构了居民多维度的认同，社区认同正是在这种机制下产生的。

（三）对社会工作的启示

本研究发现，居民的社区认同感是建立在社区居民互动基础上

的，并与社区营造的互动环境、社区成员之间及其与社区之间的关系相互关联。这些都能促进社区成员的利益趋同，增进共同利益，提高社区认同度，形成社区共同体意识。因此，针对居民的社区认同培育，社会工作应重点从环境、服务和互动三个维度开展社区认同建设。

在环境维度上，居民作为社区的主体，对周边环境的感受最为深刻，在 X 里弄样板社区建设的过程中，我们发现"居民赋权和居民增能"是非常重要的；在社区服务维度，社会工作应注重激发个人潜能，参与到社区服务的设计和改善中去，与居民共同提升社区服务的水平，促进居民提升对社区的满意度、形成对社区的认同感和归属感；在社区互动维度，通过里弄社区改造中对三种认同形成逻辑的分析，我们发现在社区公共生活中，居民在这三种逻辑驱使下，完成互动中多维认同的建构与形塑，从而形成整体性的社区认同。互动是居民社区认同产生的根本途径和方法。

八　结论

本研究通过对 X 里弄进行个案研究，从社区互动的视角探索了社区改造中老旧里弄居民社区认同再建构的策略和过程，包括从里弄空间环境优化、社区治理模式转变、居民之间持续不断的互动等角度，对社区认同的内容和维度进行了划分，分析了每一种维度的社区认同是如何形成的。总体上，本文尝试构建一个适合里弄社区类型的社区认同建构策略分析框架，该框架通过有效的制度设计将社区互动、社区环境、社区服务有机整合起来（见表 2），为破解中国城市社区认同困境提供可参考的解决方案。

表 2 社区认同的分析框架

认同维度	解决问题	驱动因素	具体表现	经验和策略
社区文化认同	互动环境的营造	外部环境指社区空间结构、环境特性以及空间环境下的人群互动	对本区域生活习惯、居住方式、文化习俗的接纳和认可；对社区文化所孕育的环境的关注	社区环境：共同参与保护生活空间的环境特质和集体记忆，居民主体性身份的激发；
组织认同	居民与居委会互动关系的强化	制度因素指社区治理模式、激励机制以及政府的支持力度	社区居民的参与及互动积极性；社区管理水平；社区福利；对公共事务的关注与投入	社区服务：多元主体共同参与社区治理，转变社区服务提供模式；社区互动：社区居民之间、社区与居民之间频繁互动的动力和网络形成
邻里认同	居民与居民互动关系的加深	互动因素指居民之间较为频繁的交往与互动	邻里互动的增加与交往的频繁；对邻里关系的积极评价	

第一，社区互动是居民社区认同的根本来源和途径，社区改造中里弄居民的社区认同再建构过程就是不断促进居民之间、居民与社区之间互动的过程。互动的过程便相应地形塑了多维度的认同，即社区文化认同、组织认同和邻里认同，从而形成了整体性的社区认同。

第二，通过对三种维度的社区认同形成过程的分析，我们发现三种驱动社区认同建构的逻辑是社区环境、社区服务、社区互动共同作用形成积极的社区认同。其中，社区环境是社区认同形成的初始条件，社区服务是社区认同形成的支撑要件，社区互动是社区认同形成的来源和途径，居民的多维认同就是社区在创造一个适宜互动的外部环境基础上，在不断互动中加强社区成员之间以及成员与社区之间的联结，从而提升社区服务这些关键因素共同的作用结果。

第三，从整个过程来看，X 里弄社区改造实践的突破在于，社区环境、社区服务及社区互动不只是单纯改善社区环境、促进社区互动以及提升社区服务。在环境优化过程中居民主体性身份的建立和实现是第一阶段的突破，在提升社区服务时，促进多元主体共同参与社区治理、提升社区服务模式是第二阶段的突破，社区互动中居民与居民、居民与社区互动的动力激发、互动网络的形成，是社区互动系统充满活力的另一项突破。我们应该看到，社区治理中最大的困境就是人们习惯了长期的权威管制、给了服务的社区治理模式，很难使其自觉、自主、创造性地参与到社区建设中去。21世纪，无论是社区认同的培育还是社区治理模式的创新，都需要激发社区中居民的主体性身份、促进多元主体共同参与社区治理，在这种联动、合作的社区互动网络中，居民的公共诉求会被激发，居民的情感联结、互助网络得以形成，只有这样才能使居民以及其他主体共同参与到社区问题的解决、社区美好生活的建立中，才能形成真正的社区共同体，建立对社区的认同感和归属感。

参考文献

迈克尔·A. 豪格、多米尼克·阿布拉姆斯，2011，《社会认同过程》，高明华译，中国人民大学出版社。

曼纽尔·卡斯特，2001，《现代性之隐忧》，程炼译，中央编译出版社。

沈原，2019，《老旧街区的社区建设》，《国际社会科学杂志》（中文版）第1期。

汪振，2019，《社区志愿服务持续化运作机制探析——基于社区组织认同的视角》，《佳木斯大学社会科学学报》第3期。

王孟永，2019，《基层社区情感治理的机制归纳——基于南京市锁金村社区案例调查》，《中外企业家》第3期。

王腾，2017，《青少年社会主义核心价值观文化认同机制研究》，《教育教学论坛》第2期。

夏建中，2019，《社区治理中的社会认同培育》，《中国社会科学》第7期。

许斌、孙轶群，2011，《城中村失地农民社区认同状况探究——以鲁东南 X 社区为例》，《北京科技大学学报》第 2 期。

张晔，2018，《成都市"村改居"居民社区认同感影响因素与营造对策研究》，硕士学位论文，电子科技大学。

庄小雅，2016，《社区和认同研究综述》，《现代交际》第 4 期。

Jenkins & Richard. 1989. *Social Identity*. London：Routledge.

McMillan & Chavis. 1996. "Sense of Community," *Journal of Community Psychology*, Vol. 28, No. 9.

《都市社会工作研究》稿约

　　为推进都市社会工作研究和实务的发展，加强高校、实务机构和相关政府部门的专业合作，上海大学社会学院社会工作系与出版机构决定合作出版《都市社会工作研究》辑刊，特此向全国相关的专业界人士征集稿件。

一　出版宗旨

　　1. 促进都市社会工作研究的发展。社会工作系希望通过本辑刊的交流和探讨，介绍与阐释国外都市社会工作理论、方法和最新研究成果，深入分析国内社会工作各个领域里的问题和现象，探索中国社会工作发展的基本路径，繁荣社会工作领域内的学术氛围，推动社会工作的进一步发展。

　　2. 加强与国内社会工作教育界的交流。社会工作系希望通过出版辑刊，强化与国内社会工作教育界交流网络的建立，共同探讨都市社会工作领域的各类问题，共同推动中国社会工作的教育和专业人才培养的深入开展。

　　3. 推动与相关政府部门的合作。社会工作系希望通过辑刊出版之契机，携手相关政府部门共同研究新现象、新问题、新经验，并期冀合作研究成果对完善政策和制定新政策有所裨益。

4. 强化与实务部门的紧密联系。社会工作系希望通过辑刊出版，进一步加强与医院、学校、工会、妇联、共青团、社区管理部门、司法部门、老龄与青少年工作部门，以及各类社会组织的密切联系与合作，通过共同探讨和研究，深入推动中国社会工作实务的开展。

5. 积累和传播本土社会工作知识。社会工作系希望通过出版辑刊，能够更好地总结中国社会工作理论与实务的经验，提炼本土的社会工作专业服务模式，从而推动社会工作专业的健康发展。

二　来稿要求

1. 稿件范围。本辑刊设有医务与精神健康社会工作、老年社会工作、儿童与青少年社会工作、城市社区社会工作、城市家庭和妇女社会工作、学校社会工作、社区矫正、社区康复、社会组织发展、社会政策分析及国外都市社会工作研究前沿等栏目，凡涉及上述领域的专题讨论、学者论坛、理论和实务研究、社会调查、研究报告、案例分析、研究述评、学术动态综述等，均欢迎不吝赐稿。

2. 具体事项规定。来稿均为原创，凡已经公开发表的文章不予受理。篇幅一般以 8000~10000 字为宜，重要的可达 20000 字。稿件发表，一律不收取任何费用。来稿以质选稿，择优录用。来稿请邮电子或邮纸质的文本。来稿一般不予退稿，请作者自留稿件副本。

3. 本辑刊权利。本辑刊有修改删节文章的权力，凡投本刊者被视为认同这一规则。不同意删改者，请务必在文中声明。文章一经发表，著作权属于作者本人，版权即为本辑刊所有，欢迎以各种形式转载、译介和引用，但必须遵照《中华人民共和国著作权法》及有关国际法规。

4. 来稿文献引证规范。来稿论述（叙述）符合专业规范，行文遵循国际公认的学术规范。引用他人成说均采用夹注加以注明，即引文后加括号说明作者、出版年份及页码。引文详细出处作为参考文献列于文尾，格式为：作者、出版年份、书名（或文章名）、译者、出版地点、出版单位（或期刊名或报纸名）。参考文献按作者姓氏的第一个拼音字母依 A—Z 顺序分中、英文两部分排列。英文书名（或期刊名或报纸名）用斜体。作者本人的注释均采用当页脚注，用①②③④⑤……标明。稿件正文标题下分别是作者、摘要、关键词、作者简介。作者应将标题、作者名和关键词译成英文，同时提供 150 词左右的英文摘要。文稿正文层次最多为 5 级，其序号可采用一、（一）、1、（1）、1），不宜用①。来稿需在文末标注作者的工作单位全称、详细通信地址、联系电话、邮政编码，并对作者简要介绍，包括姓名、职称、学位、研究方向等。

图书在版编目（CIP）数据

都市社会工作研究. 第 8 辑／张文宏主编. -- 北京：
社会科学文献出版社，2020.8
ISBN 978 - 7 - 5201 - 7089 - 5

Ⅰ. ①都… Ⅱ. ①张… Ⅲ. ①城市 - 社会工作 - 研究
- 中国 Ⅳ. ①D632

中国版本图书馆 CIP 数据核字（2020）第 146443 号

都市社会工作研究 第 8 辑

主 编／张文宏
执行主编／范明林 杨 铿

出 版 人／谢寿光
组稿编辑／杨桂凤
责任编辑／胡庆英

出 版／社会科学文献出版社·群学出版分社（010）59366453
地址：北京市北三环中路甲 29 号院华龙大厦 邮编：100029
网址：www. ssap. com. cn
发 行／市场营销中心（010）59367081 59367083
印 装／三河市尚艺印装有限公司

规 格／开 本：787mm × 1092mm 1/16
印 张：10.75 字 数：170 千字
版 次／2020 年 8 月第 1 版 2020 年 8 月第 1 次印刷
书 号／ISBN 978 - 7 - 5201 - 7089 - 5
定 价／79.00 元